过程咨询 I

大师经典

在组织发展中的作用

沙因 作品
Edgar H. Schein

[美]埃德加·沙因 著 葛嘉 译

PROCESS CONSULTATION
Its Role in Organization Development

中国人民大学出版社
·北京·

序言

艾迪生－韦斯利（Addison-Wesley）出版公司在20世纪60年代后期推出了一系列关于组织发展（Organization Development，OD）的丛书。当时，我们的一些同事意识到正在快速发展的OD领域并没有得到很好的理解和明确定义，同时关于OD的学术理论尚未出现。因此，虽然我们暂时还无法写出一本关于OD理论和实践的教科书，但可以记录OD标签下各位实践者所做的具体工作。于是我们推出了贝克哈德（Richard Beckhard）、本尼斯（Warren Bennis）、布雷克（Robert Blake）和莫顿（Jane Mouton）、劳伦斯（Paul Lawrence）和洛奇（Jay Lorsch）、沙因（Edgar Schein）、沃尔顿（Richard Walton）所写的六本书，让不同的作者能够各抒己见，而不是生硬总结和概括这个快速发展且高度多样化的领域。

到1981年，OD系列丛书已经延伸到19本，增添了贝克哈德和哈里斯（Reuben Harris）、科恩（Allan Cohen）和加登（Herman Gadon）、戴维斯（Stanley Davis）、戴尔（William Dyer）、加尔布雷

斯（Jay Galbraith）、哈克曼（Richard Hackman）和奥尔德姆（Greg Oldham）、希南（David Heenan）和佩尔默特（Howard Perlmutter）、科特（John Kotter）、劳勒（Edward Lawler）、纳德勒（David Nadler）、罗伯（Frederick Roeber）、沙因、斯蒂尔（Fred Steele）等学者的著作。这也反映出 OD 领域突飞猛进的发展，几乎渗透到了每一个组织领域和互动技术中。当时，许多教科书都试图抓取这一领域的核心概念，然而我们认为多样性和创新迄今为止仍是 OD 的重要特性。

这一系列丛书是为了重温一些基础知识，并顺应不断增长的多样性。因此我们对部分原著进行了一系列修订，引入了一些新书。我们希望不断挖掘组织发展的标志——探索与创新的精神，与推出这些书籍一起，针对如何变革和改善组织这一永恒棘手话题引发新一轮的探讨。

我们非常感谢艾迪生-韦斯利出版公司再次出版本系列丛书，同时也要感谢帮助我们和其他作者推出本系列丛书的诸多审校者。

埃德加·沙因
理查德·贝克哈德

前言

撰写本书最初的目的是向我的学术同事们说明我与企业合作时所做的工作，并向咨询顾问和管理者阐述我对组织中重要事件的看法。回顾过去，我作为过程咨询顾问工作了大约 20 年后，才更加清晰地认识到了这种方法的理念性和态度性假设。

起初，我将其视为一种十分有效的方法，而当我再次回首时，我意识到了使过程咨询奏效并经历时间考验的关键因素，而这些因素就是过程咨询的基础假设。

因此，在修订本书时，我尽量保持与最初表述一致，只是在能够强调主题的环节添加了更多素材。当然，随着咨询经验（无论是咨询模型还是本书的最初版本）的不断积累，我的想法也会有所演进。例如，我发现这种与人合作的方法不仅适用于咨询顾问，与管理者本身也高度相关。本书的许多热情读者都是管理者。因此，我撰写了过程咨询的第二卷，阐述了相同的基本理念和态度，但写作的目标对象更加偏向于管理者，同时对本书所提出的概念进行了完善。

我原本计划将这些想法都纳入本书的修订版，但这可能会使本书篇幅过长并破坏本书的完整性。希望快速了解过程咨询假设、重点和方法论的读者可以在修订后的本书中获得所有这些信息。有兴趣的读者如果想要了解过程咨询在实践中是如何实现的，陷阱和缺陷是什么，以及需要补充什么样的理论和模型来完全理解过程咨询的变迁，欢迎继续阅读《过程咨询Ⅱ：顾问与管理者的必修课》。

我的同事马克·格斯坦（Marc Gerstein）极大地促进了本书的修订，他参与制定修订计划，就保存与更改的内容提出了很多有益的想法。我还要感谢艾迪生－韦斯利出版公司整理出版了 OD 系列。我要一如既往地衷心感谢我的同事和合著者理查德·贝克哈德。另外，我的学生和客户对我提出的想法给予了很多帮助。

雪莉·帕茨（Sherie Potts）在文稿录入和编辑方面提供了很大的帮助。同时，为了让本书能够按时出版，我的妻子玛丽（Mary）也付出了不懈努力，不仅给予我情感上的支持，甚至还协助进行录入和编辑，再次感谢她。

埃德加·沙因

目录

第一部分 定义过程咨询

第一章 何为过程咨询 / 003

三种咨询模型 / 006

定义过程咨询 / 013

第二部分 人际互动过程与干预技巧

第二章 概述：组织中的人际互动过程 / 017

结构与过程：历史追溯 / 018

第三章 沟通过程 / 025

发言者、频次、时长 / 026

沟通的双方对象 / 028

发言次序和干扰打断行为 / 030

表达方式 / 033

"比画"交流（肢体语言学）/ 034

沟通层次 / 036

信息过滤 / 043

结语 / 048

第四章　团队建立与维护的过程 / 050

阶段一：新建团队的问题——自我导向行为 / 051

阶段二：团队任务与团队维护 / 060

结语 / 071

第五章　团队问题解决与决策制定 / 073

问题解决 / 073

团队决策 / 084

决策注意点 / 091

结语 / 091

第六章　团队成长与发展：规范与文化 / 093

团队成熟度 / 098

结语 / 101

第七章　领导与影响 / 102

权力根源与合法基础 / 107

领导与决策风格 / 109

领导与管理 / 112

结语 / 113

第八章　绩效评估与反馈 / 115

评估人员及其表现的目的 / 116
评估的步骤 / 117
评估的内容 / 118
给予和接收绩效反馈 / 119
给予反馈：问题、风险和准则 / 121
以过程咨询的方式进行反馈管理 / 129

第九章　组间过程 / 130

认知组间过程 / 131
其他组织过程 / 139
结语 / 140

第三部分　过程咨询实践

第十章　建立联系与界定关系 / 143

与客户建立初步联系 / 143
探索性会议 / 147
心理契约 / 151
结语 / 156

第十一章　场景设置与工作方法 / 157

场景设置 / 157
工作方法 / 160
结语 / 167

第十二章　诊断性干预 / 168

通过诊断性干预收集信息 / 168
信息收集方法 / 170
干预方式 / 173
结语 / 175

第十三章　通过对抗性干预影响过程：议程管理 / 176

用对抗性干预改变过程 / 176
议程管理干预措施 / 178
结语 / 189

第十四章　对抗性干预：反馈 / 191

基于所见所知给予反馈 / 191
个体反馈 / 196
结语 / 199

第十五章　指导、咨询和结构性建议 / 200

指导或咨询 / 200

结构性建议 / 206
结语 / 210

第十六章　结果评估与"抽身而退" / 212

通过过程咨询扭转价值观念 / 213
传授给客户的技能 / 216
结论 / 222
抽身而退：减少对客户系统的参与 / 223
结语 / 227

第十七章　正确认知过程咨询 / 229

为何需要过程咨询 / 229
过程咨询有类似参照吗？ / 231

附录A　备忘录Ⅰ：内部审计与管控程序的说明 / 234

附录B　备忘录Ⅱ：关于组织的说明 / 237

附录C　备忘录Ⅲ：理性的侵蚀：内部竞争对产品规划的危害 / 239

01

第一部分

定义过程咨询

在此部分中，我定义了过程咨询的基本概念，并与其他主流咨询概念进行了比较。需要强调的是，过程咨询是对个人、团队和组织提供协助过程的一种哲学，同时也是一种态度，而绝不仅仅是与其他技术相提并论的"某种技术"。

过程咨询是"组织发展"这一广义概念的基础。顾问在帮助组织过程中所做的大部分工作都需要基于过程咨询的假设，因此过程咨询是组织发展的重要理论基础，了解过程咨询的假设对理解组织发展的广义概念也至关重要。

第一章

何为过程咨询

本书将讲述一种特殊的咨询模式,我称之为"过程咨询"(process consultation,PC)。我将描述何为过程咨询,并说明其在组织发展(Organization Development,OD)中的作用。

在研究过程咨询时,我将聚焦OD活动在启动及其执行全过程中的某些关键活动。OD项目的范围通常涉及整个组织,但其组成部分往往是顾问与个人或团队一同推动的各项活动,而在推进这些活动时所持的态度正反映了过程咨询的基本假设。

本书将集中讨论这些活动,因此主要内容是人际关系和团队事件的处理。然而，比这些内容更加重要的是当顾问面对客户时以及在 OD 项目的各个环节中其行为背后的态度和理念。

我并不会试图对 OD 项目进行概述，而会重点介绍顾问为推动变革做好准备的过程。例如在 OD 过程中组织一场培训；或是作为 OD 项目的一部分，与组织中的某些关键客户一起工作。我想要说明的是顾问对待协助过程的态度才是最为重要的。

近年来，咨询行业获得了长足发展，然而"顾问究竟应该为组织做什么""顾问提供协助的方式""顾问在给予协助时所依据的底层假设"等核心概念依然需要进一步澄清。例如，顾问提供客户所需信息，使用特别的诊断工具分析信息，帮助客户诊断复杂问题，给予管理者支持和慰藉，对组织问题给出建议解决方案，帮助管理者实施困难或不受欢迎的决定，等等，顾问的职责应该是其中之一，还是其中某些工作的组合，又或是全部？

关于咨询过程的很多研究发现，除非客户（管理者）清楚地知道他要从顾问处获得何种帮助，否则他很大概率将以失望告终。然而实际上，客户（管理者）往往并不知道自己具体需要什么。他只知道某些地方出了问题，他需要得到帮助。帮助管理者或组织找出问题所在，进而提供进一步帮助，这在任何咨询过程中都应该是重中之重。

管理者通常会有"出了问题"或"情况好转"的感觉，但他们缺少将模糊感觉转化为具体行动步骤的工具。我在本书中讲述的这种咨询模式恰好能够应对这种情况。过程咨询模型不会假设管理者知道问题所在，或是需要什么，或是顾问应该做什么。建设性开启这一流程的唯一需求就是组织中某人希望改善现状的意图。然后，咨询过程本身可以帮助管理者定义诊断步骤，进而确定用以改善局势的行动方案和改进措施。

过程咨询很难用简单明了的概念进行描述，也无法进行简单定义并给出一些说明性的例子。因为过程咨询更多是关于协助过程的一种哲学或一系列基本假设，其决定了顾问与客户相处时所采取的态度。

我尝试通过将过程咨询模型与其他咨询模型进行对比，从而就这些假设提出一些观点。随后，我将使用一些历史证据来说明为何过程咨询模型在当今组织世界中日益重要，为何 PC 与 OD 工作紧密相关。最后，我将在本章介绍过程咨询模型的实际过程，包括顾问的需求、过程咨询如何开始、如何发展与客户的关系、在不同阶段采取的不同干预措施、如何对过程进行评价、如何终止这个过程。

三种咨询模型

基于对客户的不同假设、协助的本质、顾问在其中担当的角色，我们可以将咨询过程进行区分，确定三个基本模型。

专家模型

最普遍的咨询模型无疑是专家模型，或称信息／专业技能采购模型。其往往由组织内的某位管理者或某个团队发起——在界定需求之后，认为组织内缺乏足够的资源或时间投入来满足需求，因此选择某位外部顾问来提供该信息或服务。

例如：（1）某位管理者可能希望获取某类特定客户的消费体验，或希望了解某个团队对一项新员工政策的反应，或希望了解某个特定部门的敬业程度；（2）管理者希望了解如何构建某个特定部门，他们也希望通过顾问获悉其他公司的做法，诸如如何基于现代信息技术构建会计和控制系统；（3）管理者或许想了解竞争对手的某些特定信息，诸如市场策略、如何基于产品成本进行产品定价、如何搭建研发职能、标准工厂的人员编制等。

以上所有事例都假定管理者清晰地知道其所需求的信息或服务。而该模型在多大程度上奏效有赖于以下因素：

（1）管理者能否正确地界定自身需求；

（2）管理者是否准确地将自身需求传达给了顾问；

（3）管理者是否正确评估了顾问提供信息或服务的能力；

（4）管理者是否对请顾问介入的可能后果（或采纳顾问建议的可能后果）深思熟虑。

正是因为专家模型有效运作存在如此多的前提，所以客户无论是对咨询顾问频频抱怨，还是将顾问的建议束之高阁，也就不足为奇了。

而过程咨询模型（PC模型）与之相反，管理者和顾问会经历共同诊断的过程。顾问可以在没有明确任务或目标的情况下进入组织，正是因为存有这样的假设：任何组织如果能够准确界定对其整体绩效有所影响的过程，就可以改善其过程，使之更加有效。没有哪个组织的架构和过程是完美无缺的，每个组织都会有其优势与劣势，因此，当管理者因为业绩下降或员工士气低落感到"出了问题"，他们首先应该对当前组织架构和过程的优劣情况进行充分了解，而不能贸然采取行动。而过程咨询的主要目的正是帮助管理者进行诊断，进而由管理者自行制定可行的应对策略。

顾问与管理者的联合诊断之所以如此重要，是因为组织成员会基于组织的传统、价值观和基本假设（也就是组织文化），以及关键成员的个性和特殊风格来感知信息、思考信息并对信息做出回应，而顾问很难对特定组织有足够的了解，以确定何种行动方案更适合组织，甚至判别何种信息真正对组织有帮助。

然而，顾问可以帮助管理者：（1）成为一名合格的诊断专家；（2）学习如何更好地管理组织过程，从而能够自行解决问题。这是 PC 哲学的一个关键假设——如果组织成员可以自行解决组织问题，那么问题必将得到更有效的解决，效果也将得以更长久地保持。

医患关系模型

另一种常见的咨询模型是医患关系模型。组织内的某位或多位管理者希望找出组织中未能正常发挥作用或需要关注的部分；或者，管理者可能发现了组织的"症状"，诸如销售额下滑、客户投诉增多、质量缺陷等，但他并不知道如何进行诊断以找到问题所在，因此决定引入一位顾问进行诊断。

顾问察看组织的哪个部分出了何种问题。之后，顾问会像医生开处方一般，为组织推荐治疗方案或补救措施。这种模式将诊断和开方的重要权力都授予顾问，因此对顾问而言是极具吸引力的模式。

大多数读者可以从自身的经历中意识到，尽管这种模式广受欢迎，但仍然充满艰难挑战。其中最显而易见的挑战即是这种模式假设顾问能够独立地获得精准的诊断信息，然而现实中被定义为"存在问题"的组织单元可能并不愿意向顾问提供用以准确诊断的信息。

可以预见到，无论是问卷还是访谈都会存在系统性失真。系统性失真的趋势与组织氛围有关。在缺失信任和安全感的组织中，接受调研者会担心透露信息而招致报复，因此极有可能将负面信息掩盖起来，毕竟"告密者"的悲惨下场屡见不鲜。

相对的，如果组织内部彼此高度信任，被调研者会将此次接触视为"发牢骚"的机会，从而会将问题夸大。无论是哪种情形，除非顾问花费大量时间对组织进行观察，否则他很难得到组织运营情况的准确信息。

该模型的另一个难点在于，客户可能不愿相信顾问的诊断结果或建议方案。我相信很多使用咨询顾问的公司都会有大量束之高阁的顾问报告，或者没有被客户理解，或者没有被客户所接受。核心原因在于顾问和客户之间并没有建立共同的诊断框架。如果顾问独自进行诊断而让客户/管理者被动等待结果，可以预见沟通隔阂必将出现，导致最后的诊断结果无关紧要或难以接受。

即使在医疗领域，医生也日益认识到病患并不会全盘接受诊断结果并按照医嘱行事。这一点在跨文化背景下尤为明显，病人对于病情和应对的假设可能与医生截然不同。也有一些医生注意到了这一点，例如，在乳腺癌的治疗中，一些肿瘤科医生让患者参与到关键决策中来，如决定是否要进行乳房切除手术，或是采用化疗或放疗的措施。同样在整形手术或背部手术中，患者自身的期望、自身形象定位成为是否采用手术的关键决定因素。

换言之，医患关系模型的成功取决于：

（1）客户最初能否精确定义出现问题的部门、团队或个人；

（2）"病患"是否愿意提供准确的信息；

（3）"病患"是否愿意接受和信任"医生"给出的诊断结果；

（4）"病患"是否接受"医生"的建议方案，并按照方案执行。

相比之下，过程咨询模型不仅侧重于与客户联合进行诊断，还侧重于将诊断技巧传授给客户。顾问可能在工作初期就意识到了组织中存在的问题以及解决方案。但顾问不能过早地分享自己的见解。原因有二：（1）他的结论可能并不正确，而如果他过早得出的诊断结论是错误的，很有可能会损害其专业形象并影响与客户的关系；（2）即使他的结论是正确的，客户也可能因为没有做好准备而采取防御应对，或置若罔闻，或否认顾问的结论，也可能会与顾问产生误会从而导致真正的解决措施搁浅。

过程咨询模型的核心假设就是，客户必须通过参与共同诊断过程，并积极参与解决方案制定，从而学会自行诊断问题。顾问的关键作用是协助客户让诊断过程更加精准，并为客户提供超出客户认知的备选解决方案，但顾问要鼓励客户自己做出最终的决定。

再次强调，顾问这么做所遵从的基本假设是：只有客户自己学会分析问题和解决问题，问题才能够得到更加彻底的解决，客户也才能掌握技能以应对各种新的问题。

需要注意的是，过程咨询顾问不一定必须是解决组织特定问题的专家。过程咨询的重点是顾问能够帮助客户掌握自我诊断的方法，并且能够帮助客户根据自身情况找到解决方案。过程咨询顾问应该是建立协作关系和提供帮助的专家，他并不需要成为营销、财务或战略方面的专家。如果组织存在这方面的问题，则顾问能够帮助客户找到专家资源即可。更为重要的是，顾问需要帮助客户想办法，如何更好地确保客户从这些内容专家那里得到所需要的帮助。

过程咨询模型及其潜在假设

过程咨询哲学/模型最为核心的潜在假设，我将其归纳如下：

（1）客户/管理者往往并不知道问题所在，需要他人帮助他们进行诊断以明确问题。

（2）客户/管理者通常并不知晓他们需要何种帮助，这正是需要顾问帮助他们明确的。

（3）客户/管理者有改善现状的建设性意图，需要顾问帮助他们确定改进内容及改进方式。

（4）如果组织成员能够学会对组织的优劣势进行诊断和管理，则组织往往能够更加卓有成效。并不存在完美的组织形态，任何形态的组织都会存在一些缺陷，因而需要找到一些弥补措施。

（5）因为顾问很难花大量时间详尽地对客户进行研究，或是真正参与到客户组织的运营中，基本无法做到对组织文化充分了解，从而提出可靠的新措施。因此，解决方案必须与深刻理解组织文化、知晓其能否奏效的内部成员共同制定，否则就很容易出现偏差或遭到抵制，因为这出自"局外人"之手。

（6）客户/管理者需要掌握分析问题并对解决方案进行深思熟虑的技巧，否则很难将解决方案有效落地执行。更重要的是，只有这样，当类似问题再次出现时，他们才能够自行解决问题。顾问可以提供解决方案备选，但选择何种方案的决策权必须掌握在客户手中。

（7）过程咨询模型的核心功能就是将诊断和解决组织问题的技能传授给客户，让他们更有能力持续对组织做出改进。

定义过程咨询

结合以上假设,我们可以这样定义过程咨询:

过程咨询是顾问帮助客户对其组织环境中各类事件信息进行认知、理解,并采取相应行动以达成客户所期待改变的一系列活动。

过程咨询顾问旨在帮助客户深入了解外部环境、内在运作和人际关系,待客户了解充分之后,顾问将进一步帮助客户找到应对问题的解决方法。但该模型的核心是让客户在诊断和应对决策方面保持"积极主动"。在纷繁复杂的人际关系系统中,如果允许客户对顾问产生依赖,虽然短时间内双方都会感到舒适,但这将预示着协助过程的失败。

我们要观察和学习的内容是各种人际行为,无论其发生在日常工作、会议进程中,还是组织成员之间正式或非正式交流中,又或是发生在其他更为正式的组织结构中。客户自身的行为及其对组织中其他人的影响尤为重要。

这个模型中蕴藏的进一步假设是:所有的组织问题从根本上来说都是人际互动过程问题。即使是技术、财务或是其他看似专业领域的问题,其运作流程也都是由人来设计和执行的。因此,对于人际互动过程的深刻理解、改善人际互动过程的技能是推动所有组织改善的基础。

只要组织还是人们为了达成共同目标而构建的网络,彼此之间就不免充满各种人际互动。因此,如果我们能够更熟练地对人际关系进行诊断和应对,就能更好地为众多技术性问题找到解决方案,同时也能保障解决方案更易于被组织成员所接纳和执行。

02
第二部分

人际互动过程
与干预技巧

在本书的第二部分，我将罗列出与帮助组织提升效率有关的主要人际过程。在第二章中，我将提供一些历史观点，从第三章开始，我将每章分析一个主要人际互动过程（如沟通、领导力等），并着重展示过程咨询顾问所观察到的内容，以及他可以采取的措施，即如何进行干预。

我并不会对每一个人际互动过程细节都进行分析，在每种情境下我只会描述与提升组织效率最为相关的内容。这些描述通常是通过精心设计的简化模型展开，其目的是将事物的潜在重要性说清楚。

对于顾问而言，了解人际互动过程如何运作至关重要，只有了解人际互动过程，顾问才能更明智地诊断问题并选择干预措施。顾问的观察和对问题进行探询同样会形成干预。因此在分析咨询过程时，尽管就概念而言诊断和干预是截然不同的，但在实际操作中顾问无法将诊断活动和干预活动区分开来。

第二章

概述：组织中的人际互动过程

对组织中人际互动过程的研究缘于观察技术的发展和"通过过程管控结果"的管理理念。了解某个组织是否卓有成效的关键就是查看组织运作的方式。

组织可以采取不同的方式进行设计和构建，各种方式都能够获得成功。想要理解为何同样的结构却有着不同的结果，就必须了解组织的各个运作过程，包括目标设定的方式、制定策略的方式、成员之间沟通的形式、问题解决与决策的过程、开会和团队运作的方式、上下级链接的方式，以及领导者的领导方式。

无论是观察此类过程，还是对其进行有效干预，过程咨询顾问都必须非常精通。在本章中，我会进行概述并给出索引图。在后续章节中，我会对这些过程逐一展开详述，并提供干预工具来优化这些过程。

结构与过程：历史追溯

早期的组织研究往往由"科学管理"学派主导，这导致研究焦点几乎完全专注于组织的结构或静态元素：正确的人员分工是什么？正确的管理范围是什么？组织应该按照职能（如销售、制造等）来划分，按照产品线（如卡车、大型客车、小型汽车等）来划分，还是按照地域来划分？应该设置多少个组织层级？职能人员（如人力资源专员）应该配备在每个业务单元中，还是应该设立一个专业职能部门？

对于组织的这种静态关注是情有可原的，某种程度上也是正确的。因为组织是存在于不确定和动态环境中的开放系统，为了应对变化和生存，组织必须稳定一些元素以应对外部环境不断崩解的压力。正如人类社会需要建立社会结构、设立法律、发展文化和传统来让自身更加稳定，组织也需要找到方式方法来保护和稳定其文化和结构。

咨询领域的结构化方法具有很强的吸引力。引入管理咨询顾问对组织现状进行结构化诊断，往往被认为对更有效地实现组织目标很有帮助。然而一旦顾问建议被采纳，组织内的汇报关系可能发生改变，部门可能会被撤销或重组，工作岗位也可能被重新设计或取消等。如果将员工个性也纳入考虑范畴，则在这种结构化方式下，它们也都被认为是静态的，应对措施是"解决"而非"改变"。

这种方式存在两个问题。较为严重的一个问题是诊断可能并不正确，或是顾问给出的新结构建议忽略了一些重要的文化或员工个性限制，从而导致建议无法落地执行，报告也被束之高阁。

另一个问题是诊断虽然正确但并不完整，因为其忽略了工作中的人际互动过程。正式组织结构中的职位/角色网络的载体都是人，每个人完成工作的方式或多或少会受到个性的影响，因此每个人不仅会有自己既定的工作风格，与组织中其他人建立联系也会有独特的方式。这些与他人建立关系的过程会对最终绩效结果有决定性的影响，如果希望使组织有所改善，这些过程必须成为诊断和干预的目标。

矛盾的是，某些过程会有规律地反复出现，以至于它们实际上成为结构的一部分。专制的企业家总是颐指气使，希望下属无条件服从，他会创造出一种类似军队的组织形式，在正式组织结构和管理者的日常行为中表现为自上而下的影响模式、上级不愿接受下属的建议、冷酷无情的纪律程序等。但是顾问自己应该清晰地区分正式的岗位／角色结构与观察到的有规律行为结构之间的差异。结构化的过程很大程度上就是过程咨询顾问的研究对象。

历史渊源

关于组织过程的研究有多个起源。第一个起源是库尔特·勒温（Kurt Lewin，1947）主导开创的群体动力学。第二部分源于应用于小组过程研究的系统技术的发展，如查普（Christopher Chapple）在应用人类学中的研究、贝尔斯（Robert Bales）的社会学研究、卡特（Carter）等人的心理学研究等。

拉尔夫·怀特（Ralph White）和罗纳德·李皮特（Ronald Lipper）对于不同领导方式的经典实验表明，团队的生产力与士气受正式领导的领导风格影响很大。贝尔斯在其对小组问题解决广泛而详尽的分析中表明，团队发展出某种特定行为模式是完全可以预见的。例如，团队中往往会出现两类领导者，一种是帮助团队完成工作的"任务型"领导，另一种是维系团队成员之间良好关系的"社会情感型"领导。一个人很难兼备两种领导风格。类似的实验表明，团队过程是可以加以研究的，而且这种研究在发现人际互动过程中不明显的规律性方面将有所作为。

第三个密切相关的历史渊源是与国家培训实验室相关的团队动力和领导力培训的发展。布拉德福德（Bradford）等人从勒温的行动研究概念出发，在过去的35年中开发了一种在团队过程中进行观察和干预的技术。这种方法是过程咨询模型最重要的雏形（因为过程咨询模型的大多数假设与组织的任务无关），都是基于培训小组导师和成员一起工作时的各种假设得出的。例如，导师并不将自己视为老师或专家，而是帮助小组成员发掘小组中发生的事件类型，并认知各类事件对自身和其他成员的影响。

第四个重要渊源是工业组织中的团队关系和人际互动过程研究。这些研究起源于乔治·埃尔顿·梅奥（George Elton Mayo）、弗里茨·罗特利斯伯格（Friz Roethlisberger）、威廉·迪克森（William Dickson）的早期成果；由康拉德·阿伦斯伯格（Conrad Arensberg）、威廉·怀特（William Whyte）和乔治·霍曼斯（George Homans），以及其他研究工业非正式组织的学者们发扬光大；直至多尔顿·麦尔维尔（Dalton Melville）在书中提出

"人们之间的实际关系",与拙作中所提出的"正式组织要求成员如何表现"等问题遥相呼应,才真正进入了管理层的视野。这些研究切实说明了需要通过实际观察来研究组织中的人际互动过程,而绝非仅仅停留于访谈或调研问卷的粗浅表面。[①]

最后的一个重要渊源是穆扎菲·谢里夫（Muzapher Sherif）[②]等人的研究,他们的从众实验表明了这种规律不仅作用于团队内,也可以在群组之间相互作用。例如,人们参加团队内竞赛时的感知、感觉和行为是可以充分预测的,因为在这种氛围下很容易出现某些示范,从而带动大家在接下来的几个小时内让这些示范内容重复出现。

不难发现,过程咨询模型深深扎根于社会心理学、社会学和人类学。对于组织中人际互动过程的理解和干预不仅需要关注过程的决心和积极态度,还需要大量知识,包括了解观察目标、观察方式、诠释方式和应对方式。要帮助组织进行自我诊断和问题解决还需要提升协助技能,而这些技能只有在培训或日常工作中

---

① 乔治·埃尔顿·梅奥,美国著名管理学家,早期行为科学——人际关系学说的创始人,以车间照明等实验闻名于世;弗里茨·罗特利斯伯格,人际关系理论的创始人,著有《管理与工人》;威廉·迪克森,与罗特利斯伯格合著《管理与工人》;康拉德·阿伦斯伯格,著名人类学家,著有《爱尔兰农民》;威廉·怀特,美国著名社会学家、人类研究学家,著有《组织人》《街角社会》等;乔治·霍曼斯,交换理论的创始人,美国社会学家;多尔顿·麦尔维尔,美国组织理论家,著有《管理者》。——译者

② 穆扎菲·谢里夫,社会心理学奠基者之一,其著名研究是从众实验。——译者

获取经验才能习得。

何种人际互动最为相关

在接下来的章节中，我将描述在我看来过程顾问必须了解的最重要的人际互动过程。其中一些会涉及两人或多人之间的面对面关系，另一些会涉及团队之间的相互关系，还有一些更为广泛的组织问题，例如准则、文化和领导力等。

我并不想事无巨细地解读人际、团队和组织的过程，我只是从中选择了协助过程中最引人注意的内容。我将用简明扼要的语言来概述，即使是外行人也能看懂，这就是我称之为"抓住了本质"的简化模型。

在担任顾问角色时，我常常发现需要将复杂的内心想法转化为简明的语言，虽然可能有失严谨，但如果能够把握基本理念和研究目标，我们就可以将理论概念转化为客户可以理解和应对的内容。与之对应，如果新手对基础理论和相关研究不甚了解，在其尝试提供协助时就必须审慎地使用这些概念。

我将展示的这些概念，因其会在咨询过程中依次出现，且通常会反映最为关键的事件，所以我将基于自己的咨询经历尽可能详尽说明。许多案例的情境都是团队场景，因为过程顾问常常置身于某个团队之中，但这并不意味着过程咨询模型是团队导向的工具。相反，正如我将展示的那样，过程咨询模型因其对协助过程的态度会显得更加个性化。

总而言之，过程咨询模型就是顾问基于意愿和技能，与客户建立协助关系，从而使客户能够更加专注于自身工作场景中的关键过程事件，通过帮助客户诊断和干预这些过程，使组织更加卓有成效。

第三章

沟通过程

组织中最为重要也最容易观察到的基本流程即是人们相互沟通的过程，尤其一对一沟通方式和团队沟通方式。过程咨询顾问必须要认知这些过程，因为在与客户建立关系的一对一情况下，这些过程至关重要。尤其在关系建立的早期阶段，这可能是最重要的方面。

例如，如果我决定承接某个项目，在最初的接触之后，我很可能会参与到某次团队会议中，与客户组织中的一些成员会面，从而有机会对他们近距离观察。我不仅可以了解自己与客户的沟通过程，还可以观察到在客户组织中不同成员之间的沟通方式。

在很多模型中，沟通都被描述成一个简单问题：将信息从一个人转移到另一个人。但众所周知，这个过程绝非如此简单，所传递的信息往往是高度复杂和极其多变的。同样的"简单"信息中可能包含了不同的事实、感觉、看法、暗示和其他内容。我们也不仅仅通过口语和书面语进行沟通交流，还会通过面部表情、手势、肢体语言、语音语调、发言时机甚至保持缄默来传递信息。本章将从简单直观的沟通过程开始，逐步深入，探索那些"不那么直观"的沟通过程。

发言者、频次、时长

对沟通最简单的分析莫过于仅仅关注沟通行为的相对频次和持续时长。因此，如果过程咨询顾问希望观察某个团队或委员会的沟通情况，他可以列出所有成员的姓名，每当某位成员发言时，就可以在其名字旁边打一个对钩作为标记。如果发言者继续发言，他可以通过每隔几秒钟打一个对钩来计量该成员发言的时间。

一段时间之后，顾问可以通过汇总图标来统计谁发了言，发言的次数，以及发言的总时长。如果要分析书面通信，同样可以设置一个类似的图表来统计发送信息的人员、发送频次以及信息的内容长度。

我特意没有将沟通的具体内容等因素纳入进来，是想揭示即使极为简单的沟通过程也可以被结构化地进行观察和分析。例如，基于我在培训和会议中的经验，常常会发生如下情况：某个或多个"安静"的成员会被心直口快的同伴指责没有在讨论中贡献自己的想法。很多时候，"安静"的成员会否认这一点，说他们一直参与讨论，但显然并没有人关注他们的发言。

为了帮助团队聚焦并解决此类问题，记录团队中每个人有效回应他人发言的确切次数可能非常有价值。在大多数情况下，我发现"沉默者"往往是正确的，他确实有发言，但其他人将其默认为沉默不语，因此忽略了他的发言。然而一旦事情被澄清，我们往往可以提出更进一步的问题——为什么这些成员的意见被忽略了？

值得注意的是，过程咨询顾问是通过收集信息来帮助团队，但顾问对于团队准备程度的判断——是否准备好对团队过程进行剖析——将很大程度上决定顾问何时、如何使用这些信息数据。

顾问要切记过程咨询模型的关键假设，无论是个体还是团队，客户必须要共同参与到诊断过程中来，顾问单方面得出数据并过早地反馈给客户将无法获得有益反馈，只会得到否认和忽视。因此过程咨询顾问在协助过程早期通常的干预措施都是不发表意见，只是询问他尚未了解的情况，最多只是对客户给予一些常规鼓励。

即使顾问已经对团队的沟通方式进行了充分分析，但在其认为团队已经准备就绪之前，他依然不应该给出意见。而对团队是否已经做好准备，需要根据我在下文中详细描述的观察结果进行复杂判断。顾问绝不能将客户提出简单要求误认为其已经做好准备。在我进行组织调研时，常常有团队成员要求我分享对团队过程的看法，然而一旦我给出意见，我十有八九会陷入某种尴尬境地——某些团队成员会通过证明我的观察存在某种谬误，从而否定我的观点。

沟通的双方对象

比发言者、频次、时长更为复杂的沟通观察是明确沟通的双方对象。"谁与谁进行了交谈，或传递了书面信息？"如果是通过书面方式传递信息，且标明发送者和接受者，则观察并不困难。但在团队情境中，情况会复杂得多，因为人们在沟通时往往不会明确指出沟通对象。观察者必须注意发言者的目光，或者通过观察到类似的身体姿势，才能发现他在对谁说话。

我们可以通过一个矩阵来记录彼此沟通的观察结果：在横轴和纵轴上都列出所有成员的姓名，在横轴—发起者与纵轴—接受者的交汇单元格中标注二者的沟通记录。或者，也可以在此前观察表的基础上进行简单拓展，即为每一次沟通都标注出发起者与接受者。

在这个层次的沟通分析可以揭示许多过程。例如，如果我们认真记录，很快就会发现团队中有些成员会对着整个团队发言，有些则漫无目标地对着天花板或地板说话，而另一些成员会选择最喜欢的听众。例如，如果我们通过分析发现乔特别喜欢对着简发言，就会衍生出一个问题，为什么会出现这种情况，从而推动人们对其沟通行为产生更为细致的观察。而通过观察分析，我们可能发现乔之所以总是与简进行对话，是因为她往往会无条件地赞同自己，而这可能揭示了在团队中可能存在更小的团体或同盟，而这种现象往往会对团队运作产生多种影响。

另一种可能是我发现人们往往会与最有可能反对他们的人进行交流。乔可能事先了解到简是最有可能"击败他"的成员，因此他先与简沟通，看看自己是否能说服他自认为最艰难的"阻碍"。

以上示例揭示了如下事实：顾问分析得出的具体观察结果可能并不重要，重要的是，对团队沟通中规律性和关键事件的观察可以作为线索，用于逐步解决更有意义的问题，进而确定新的观察领域。例如，顾问观察到，在沟通中，团队领导在会议中特别倾向于与某人沟通。这可能说明不了什么问题，但如果顾问观察到团队中那些没有与领导交流的成员对此有何反应，他也许能够就此提出一些关于团队运作的重要假设。

发言次序和干扰打断行为

在观察团队的过程中，我注意到沟通存在明确的"触发机制"。每次约翰发言后，苏会随即接着发言，即使最初约翰并没有与其沟通或征询她的意见。同样，这反映了苏想要支持或驳斥约翰所提出观点的意愿。正如每个观察组成员多次指出的那样，这种驳斥可以精心包装成较为礼貌的方式，但依然会是"……，但是……"的结构。一位团队成员曾提及，在他的公司中这种支持或驳斥通常用"干得好！"和"是……，但是……"来表达，按照他们的惯例，在表达"但是"之前需要至少说三次"干得好"，从而消除否定对团队带来的破坏作用。

这样的分析有时看起来似乎有些肤浅和做作，价值也不太大。观察者的分析如果停留在这个水平，无疑也是不够的。我们需要再次强调，分析明显表面行为的目的是发掘出人们潜在行为的线索。这样的线索不仅可以帮助过程咨询顾问了解现状，对于团队成员本身也是一种直观的启发。顾问的职责是建立起共同诊断的模式，因此他必须让客户也能便捷地观察到这些事物。顾问如果忘记了自身任务，则即使心思缜密也不免弄巧成拙。虽然他们会正确地向团队解释正在发生的事情，但这种解释和团队可能观察到的行为相去甚远，因此小组成员往往无法接受解释，进而也否定了顾问本身。

现在我们转到标题所提出的干扰打断行为。观察这种类型的沟通行为非常重要。这种行为往往向我们提供了组织成员如何看待自身在组织中相对于其他成员的权力与等级等线索。这是一个常规观察项，并在"顺从性"的相关学术研究中得到了论证：具有较高职位、地位或权力的人可以随时打断较低层级人员的发言。通常我们让上级完整陈述的次数要远多过他让我们完整陈述的次数。而在那些不符合上述规律的组织中，我们常常能发现虽然组织成员的层级可能有所不同，但他们依然感到自己和更高职位者处于同等地位。当然，即使在这样的组织中，成员在公开场合也会比私人场合谨慎得多。

假设在相互平等的团队中，营销经理经常打断生产经理发言，反之却很少出现，这将意味着什么？过程咨询顾问需要反思是否存在个性差异。如若不是，这是否意味着营销经理觉得自己比生产经理更为重要？在这种情况下，生产经理可能感到自己的影响力逐渐下降（当然这也是众多组织中常见的问题），他将切换为对抗状态而非继续保持合作。

他们如果无法觉察他们如何在公开场合沟通中表达自己的感受，就很难改善彼此工作关系。只有顾问能够创造出情境，使他们能够自我洞察、感知对方，并意识到他们关于个人影响力的主观判断与他人在公开场合的行为紧密相关，改善彼此关系才成为可能。

总体而言，我认为打断他人发言是一种较为常见且极具破坏性的沟通行为。大多数人对自己打断他人的频次和粗暴程度认识不足，他们坚信自己发言比任由对方继续更为重要。而当顾问的干预介入这个过程时，他们往往会发现自己其实并没有真正理解前一位发言人的想法。他们只是急切地想表达自己的观点，而并不想倾听别人的发言。

发言频繁被打断的后果之一是团队往往被认为缺乏组织性。常见的解决方法是赋予会议主席更大的权力，通过主席点名发言、终止发言以建立基本沟通秩序，从而避免相互打断和多人同时发言。这种解决方式错误地将问题诊断为组织问题，通过外部纪律设置来取代内部控制，而不是将问题定义为组织成员之间彼此缺乏关心，从而导致倾听不充分。如果问题恰恰在于倾听，赋予会议主席正式职权的解决方案将无法妥善解决该问题，成员们依旧不会倾听，只是忙于完善自己的发言。

表达方式

我用表达方式指代一系列因素，例如发言者是充满自信还是有所疑虑，是卖弄学问还是风趣幽默；他的语调是洪亮还是柔和，刺耳还是悠扬；他是否在发言中辅以手势；等等。如果过程咨询顾问的关注点是成员关系，他就不太会在意个性特点不同所带来的不同表达方式，而会更加关注成员某种特定表达方式对与之沟通人员的可能影响。

例如，我曾注意到某个团队成员发言过于慷慨激昂，导致团队其他成员逐渐对其置之不理。但他可能对此并未察觉，或者说他注意到了自己在团队中的影响力正在逐步下降，但并未意识到究竟是什么原因导致了这种结果。他可能没有意识到自己发言的慷慨激昂，而那些选择"无视"他的团队成员其实也陷入了误区，他们可能错误地认为是他所陈述的内容无法引起他们的兴趣，而没有意识到其实是他的表达方式出了问题。在这种情况下，只有双方彼此意识到他们的行为以及采取行为的潜在原因，沟通才有可能有所改善。

"比画"交流（肢体语言学）

人类学家和语言学家指出，根据人的成长文化，身体姿势、手势、面部表情和其他非语言行为可以构成某种沟通模式。当该行为及其象征意义被定型为某种模式时，他们可以像语言沟通或书面交流一样被清晰地理解。通过细致分析电影中人物的自然交流，可以揭示出某些群体（例如第一代犹太移民）在陈述某些自信果敢或是前瞻性的词语时，往往会伴随单手手势（用手指向对方，强制要求对方倾听）。相比而言，第一代意大利移民倾向于用双手示意，他们会将双手向外张开而非指向听众。

霍尔（Edward Hall）在其著作《无声的语言》（1959）一书中描述了由文化所决定的一系列非语言暗示，倾听者只有理解这些暗示，才能够正确理解发言者所表达的含义。例如，在每种文化中，人周围都会有"理想领域"，这个领域包括人周围的距离和空间，除非对话者之间有亲密关系和正当理由，或是故意冒犯，否则都不应该进入这个领域。冒犯的方式有两种，站得太近或是肢体接触。当一个人进入小于本国的正常距离环境时，就可能会感到很不舒服，因为在交谈中人们总是挤占他的空间，使他陷入困境。

博德惠斯特尔（Ray Birdwhistell）使用语言学领域开发的分析方法对身体姿势和手势进行了系统的观察。他将这些分析领域称为运动学。例如，他发现了一些与求爱模式相关的非语言行为，他将其称为"打扮"。一个年轻男子如果突然发现身边出现了一位有魅力的女子，他会拉直领带，整理袜子，用手捋顺头发，站得更直，并让自己看起来更壮硕一些。如果女子留意到了男子的关注并对他也心存好感，她可能会脸红，轻抚头发，检查妆容，拉直长筒袜并快速地整理着装。

而这进一步的姿势和非语言暗示也与谢夫伦（Albert Scheflen）定义的"求爱定位"和"邀请行动"阶段紧密相关。因为这些模式是从文化中所习得，所以对于同一文化背景的成员而言其含义是显而易见的。尽管分析此类复杂姿势的研究方法仍处于起步阶段，但不难想象未来它们将可以成功地用于识别各种在集体场合中重要感觉的线索，诸如争强好斗、过于谦恭、无聊乏味等。实际上，我认为可能大多数经验丰富的管理者已经依据在这些线索行事，只是他们的应用还不够系统，同时也可能完全没有意识到他们做出判断的依据到底是什么。

沟通层次

在前文中,我们已经探讨了较为明显、易于观察的沟通事件。为了深挖这些事件的意义,同时更加充分地理解冲突中双方成员如何相互反应,我们有必要对不太容易观察的事件进行分析研究。而作为讨论的基础,了解一些关于沟通本质的心理学理论也非常重要。

正如我们大多数人通过观察自身行为所了解到的那样,我们不仅会对他人所说的显性内容做出反应,还会通过解读各种细节线索来了解对方的真实意图。同一条消息可能包含显性内容和隐性含义。有时,这两种意义甚至可能完全对立。举一个简单的例子,某人发出了"欢迎随时光临寒舍"的邀请,他的语气却含糊不清,因此你意识到他并不是真心期待你的造访,只不过是出于礼貌而已。另一个例子是在工作团队中,某人限于身份立场或要捍卫其所代表的团队,对某个提案提出反对,但他提出反对的方式却透露出"只要私下进行沟通,最终能够被说服"的意味,这种情况也比比皆是。在沟通中,我们常常为了保全面子而说一些事,但同时会传达出其他信息。

这种双重含义的信息并不会造成很大的麻烦,因为作为信息发出方,我们在传递信息时就意识到了双重含义的存在,并且能够明辨其差异。但从接受方来说,因为其对双重信息一无所知,可能会造成较大困扰。为了说明这一点，我们可以将沟通过程中的人分为几个部分，如图3-1所示。图中第1象限代表自己了解并愿意分享给他人的部分，称为"开放区"；第2象限是"隐藏区"，代表他自己知道，但有意识地试图向他人隐瞒的部分。如果要求一个群体匿名透露一些他们刻意隐瞒的事情，我们就会得到这个部分的典型例子，包括羞于承认的不安全领域、自认为是反社会或是有悖于自我形象的感受和冲动、失败或表现不佳的回忆，以及最重要的——那些因让他人感到无礼或受伤而难以启齿的反应和感受。

譬如，吉尔可能认为老板在重要会议上糟糕的陈述使他们丢失了订单，但他认为他必须克制这种想法，"为了避免伤害老板的感情或是激怒他"从而选择恭维。过程咨询模型的关键洞见之一就是理解有意识地隐藏对人际互动事件的反应会带来许多沟通损失。

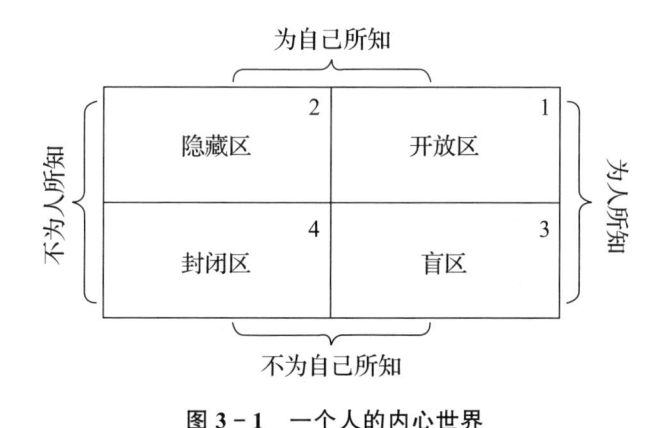

	为自己所知	
不为人所知	2 隐藏区	1 开放区
	4 封闭区	3 盲区
	不为自己所知	为人所知

图3-1 一个人的内心世界

资料来源：LUFT J. The Johari Window. *Hum.Rel. Tr. News* 5, 1961: 6-7.

图中的第 3 象限代表"盲区",是我们传达给他人,无意识隐藏但自己尚未发现的内容。老板涨红了脸猛拍桌子,怒不可遏地大声喊道:"我没有生气!""这些会议没有让我感到压力。"这位高管则一边说着,一边声音发颤、双手发抖,同时将第三杯马提尼酒或一粒镇静药丸倒入嘴里。经理试图保持不动声色,"我并不关心别人的意见。"而如果他人真的没有关注或肯定他,他会感到心烦意乱。

在我们的成长经历中,都曾因为某些行为受到奖励,也因为一些行为受到惩罚。小男孩知道争强好胜是可以的,在和其他男孩子一起时表现出怯懦和多愁善感是不对的。这样的结果是男孩子可能会拒绝变得温和,因为他认为自己并不应该如此。于是乎,他可能会压抑或回避自身的正常情感,尽管在别人看来已经表露无遗。我们是否也遇到过那种看起来粗暴、坚强的壮汉,其实真的非常温和与感性?我们能够看到他温柔的行为,然而他自己却不能承认和接受,他必须继续保持粗暴的外表以维持自我形象。我发现某些高管的攻击性程度与他们所感受到的周围柔弱的人数成正比;与之相对的是,某些女子所表现出的温柔体贴与她们所感知到的侵略程度成正比,尽管她们不愿意承认。

我们每个人都有着自己感觉不到的感觉和特质。当这些感受通过沟通清晰地传达给他人时，我们自己却往往视而不见。我们也没有关注到，我们所试图隐瞒的某些感觉，也确实传递给了他人。

第4象限是"封闭区"，包括自己和他人都不知道的部分。这个部分是真正的无意识，包括了深深压抑的感受和冲动、隐藏的天分和才艺、尚未开发的潜能等。就我们的目的而言，该领域基本无关紧要。

现在让我们考虑一对一的互动场景（图3-2），并分析不同类型的信息与所发生的不同沟通层次的含义。大多数沟通发生在第一层，即两个人的"开放区"之间（箭头A），关于沟通过程的大多数分析也往往仅限于这个层面。

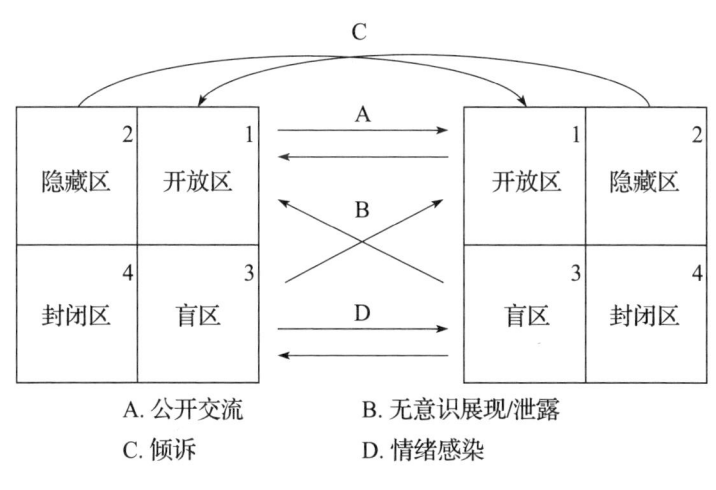

	2 隐藏区	1 开放区		1 开放区	2 隐藏区
	4 封闭区	3 盲区		3 盲区	4 封闭区

A. 公开交流　　B. 无意识展现/泄露
C. 倾诉　　　　D. 情绪感染

图3-2　一对一沟通情境中的信息类型

沟通的第二个层次指我们从某人的"盲区"获取了一些信息，但他本人对此并无所知（箭头B）。

当我们刻意展示某些倾向于隐瞒的事物时，就会产生第三层次的沟通（箭头C）。通常来说，当我们与他人分享对当前事件的反应和感受时，我们会认为这是"取信于人"或是"升级彼此关系"。

最后，箭头D代表了一种较为少见但同样重要的沟通层次，我们将其称为"情绪感染"——某人受到另一个人的情绪影响，但彼此都没有意识到这种情绪产生的缘由。有时接收者所引发的感觉与发送者相似，就像发送者担心可能被拒绝产生的紧张会让接收者也变得紧张起来。但在有些情况下，感觉可能会有所不同，当某人被拒绝却表现出淡然的感觉时，依然可能会引起接收者的紧张感觉，因为接收者不知道应该应对开放区的信息（淡然感受）还是盲区的潜在感受（被拒绝而产生的紧张）。

为了充分理解人际互动事件的完整过程，过程咨询顾问必须意识到不同沟通层次的复杂性和细微之处。我曾经在某个团队中观察到这样的情况：执掌团队的主席对几位团队成员未能在某个项目中深度投入非常不满，公开处罚了他们。但令人惊讶的是，这并没有引发这几位成员任何的防御或紧张心理。成员们对此的解释是，一直以来主席都对自己没有能够更多地参与到项目中感到非常沮丧，但他在与团队成员沟通时并没有意识到自己存有深深的愧疚感（因此借助处罚他人来转移自身的愧疚）。于是他的团队对主席传递出的潜在信息给予了更多回应，他们想方设法让主席更多地参与到项目中。而当他们成功之后，主席的怒火神奇地消失了。这位管理者无意识地否认了他需要参与到项目中并被他人所需要，但这些感觉被他的下属清楚地察觉到了，因此他们能够毫无障碍地做出正确的应对。

一旦我们认识到了多种沟通层次的存在，我们就可以采用多种渠道进行沟通。而一旦人际互动的参与者对自己的沟通行为有了足够的了解，他们就可以更理性地分析"箭头C"，即"通过分享感受获取对方信任"这种方式的利弊得失。具体而言，他们可以研究能否通过让更多成员分享私密信息或与当前任务相关的个人感受（尤其是对其他成员工作状态的感受），进而提升团队的效率。

例如，团队成员可能会私下向顾问透露诸如沮丧、愤怒、徒劳无获、关心关切等感受，他们却从未与引发这些感受的团队成员进行交流。原因有很多种：从社会文化角度来说可能不太礼貌；可能会对他人造成伤害；有激怒对方的风险；可能招致对方的报复；可能会使关系过于亲密；或者与个性完全不符。

而顾问可以通过向团队展示不进行该层次沟通带来的影响，以此作为干预来激发更多的开放沟通。具体方式可以通过从较为安全的主题或领域着手。例如有成员反对某个提案，但他没有表达任何想法，只是采取一些其他方式不让提案获得通过或是在提案通过之后拒绝执行。如果顾问有机会让团队对该过程进行回顾分析，他可以提出一个简单而安全的问题，即这位成员对该提案最初的感觉如何，从而能够在较为安全的环境中让成员能够开放地对最初想法和感觉进行描述。如果类似的工作对团队有所启发或能提升效率，有可能他们就能在下一次的工作会议中更加开放一些，但顾问必须了解这种学习提升是非常缓慢且不稳定的。

如果团队存在非常严重的沟通问题，使用B型沟通方式最为有效。顾问可以通过提出多个问题来校验团队中彼此混淆的问题，进而也能发现该问题应该由谁来应对。需要指出，如果团队同意对此类问题进行讨论，成员必定会公开自己的一些感受。换言之，如果我告诉某人，我从他的盲区中获得了一些信息，即接收到了他传递的B类信息，通常我也会同时透露一些在正常情况下我会隐藏的信息，从而减小了我自己隐藏区的范围。因此，讨论 B 类或 C 类信息的过程往往会让成员相互刺激，在彼此沟通中扩大自己的开放区域，从而减少信息歪曲、彼此误解和含糊不清。

但过程咨询理念并不会强调开放性是多多益善的。这完全取决于能否获得让团队任务更有效达成的相关信息。如果团队文化鼓励开放，那么提高开放性就会提升团队效率。而在某些文化中存在一些人际互动的"禁区"，无论花费多少时间和精力，人们都不会将其公之于众。在这种情况下，显然顾问鼓励开放性是毫无意义的。

信息过滤

最后，在沟通过程中我们要面对的是最为困难也最为复杂的问题，即无论是发送方还是接收方，在传递（发送和接收）信息时都会使用"过滤器"。我并不是指双方会在沟通中刻意地字斟句酌，当然这种情况也是存在的。我所指的是我们所有人在沟通中都会基于自身在成长生涯中所学到的一系列决策规则，下意识地选择说话的内容、方式和时机。这些"过滤"规则所反映出的特定因素包括：

（1）**自我认知**。沟通双方对自我形象、自我概念以及自我价值和自尊都有所认知。在某个特定场景中，沟通双方对于自我概念的认知和对个人的价值判断会一定程度上左右沟通的结果。譬如，如果我认为自己是某一领域的专家，对所讨论场景中的问题充满自信（在自己身上赋予了很高的价值），我可能会主动进行沟通，选择一种果决而自信的陈述方式，并且在这个主题上不太可能倾听别人的意见。毕竟，我才是专家。

（2）**对他人的认知**。在沟通中，我们都会对沟通对象有一定的认知，并对他们赋予一定价值。这些认知和价值也会在一定程度上影响我们的沟通。例如，如果我们认为沟通对象不够专业或地位较低，我们很有可能会采取"高姿态"——当我们认为对方跑题时打断对方，更加关注对方是否理解和同意我的观点而忽略他们的个人意见。反过来，如果我认为对方是权威或是地位较高，我们就会少发言、多倾听，想尽办法获得对方的认可（顺便提一句，这种想法也会妨碍积极地倾听，因为它让沟通者将注意力从沟通内容转移到了人际关系上）。

（3）**对当前情境的认知**。沟通双方都会对他们所共同面对的情境有所认知。召开这次会议是为了解决某个特定问题，还是说这是一次非正式的自由讨论？上级召集我们是希望告知他的想法吗？通常，直至有人提出"我们要达到什么目标"或是"我们的任务是什么"之类的问题时，我们才会用言语将其表达清楚。

对现实情况的定义不仅局限于要达到的目标或是要完成的任务，还包括在该情境下自己和对方的角色、任务时长、工作边界和规范准则等一系列完整的认知（诸如，这个场景到底是正式还是非正式场景？）。显而易见，对于场景的定义会很大程度上影响我们的沟通内容和沟通方式。

（4）个人动机、感受、意图和态度。 对于沟通双方来说，沟通过程中另一种过滤器是彼此的需求和动机、彼此的意图以及对于对方的态度。如果我希望影响他人或兜售方案，则我的反应相较于单纯好奇某事并收集信息会截然不同，我需要关注与对方观点不一致的点。与此同时，我需要听取更多的意见。

（5）个人期望。 心理过滤的最后一类影响因素是，我们在某个特定情境下，因为自身经验、固有认知或偏见对自身和他人形成的期望。如果我认为受众的理解能力较差，我就会使用更为简单的语言；如果我认为他们接受度很高，我的表述就会较为轻松；如果我认为受众非常挑剔，我就会更加谨慎和精准地表达我的观点。

作为听众，如果我认为发言者聪明睿智，我可能会尝试从他的发言中解读"言外之意"；如果我认为发言者口齿不清或不够聪明，我很可能就不会过于在意他的发言。如果我与发言者意见相左，我可能会更为敌意地审视他的发言；而如果我认为对方是支持我的，我很可能会忽略他言语中的不同意见。

考虑到有如此之多"过滤"因素的存在，沟通过程中充斥着各种困难也就不足为奇了。过程咨询顾问也不能免俗，他同样会受到此类心理因素的影响，根据自己的需求、期望、自我认知和意图等来设置自己的"过滤器"。虽然过程咨询顾问是训练有素的观察者，他可能比其他成员都能更早发现"过滤器"的存在，但他也并不能因此看到比其他成员更为准确的"真相"。还有部分原因是，即使他能够看到真相，他也不能就此简单给出诊断结果，而是要帮助团队成员进行诊断。只有通过所有成员的共同努力，才能对沟通中的诸多难点做出接近事实真相的诊断，进而采取改进措施。

自我预判的循环强化过程

在上文中我们描述了各种心理"过滤"因素，这些因素可能会导致极为严重的沟通问题。如果沟通双方彼此都先入为主地做出了很多预判,那么双方都很有可能从对方言行中抓取线索来验证自我判断,最终彼此都难以改变自身的原有观点。让我们看两个例子:

甲在过往的经历中被认为给人印象良好、积极自信,并且非常有影响力,因此他在沟通中能够做到表达清晰且充满自信。这种清晰和自信的表达会使听众更加积极地倾听,而这恰恰佐证了甲的影响力和对团队的贡献。随着自信心的不断增强,他在组织中也逐步担任越来越重要的职位。

相反,如果乙对自己的能力没有信心,认为自己很难影响他人,在与他人沟通时也缺乏自信,影响他人的意愿也不强,在团队内缺乏影响力,那么,即使他能够在沟通中(像甲一样)思路清晰,但他犹豫不决、缺乏自信、低调的沟通方式会让听众认为他并没有什么真才实学,于是失去对他的关注。而这恰恰证明了乙缺乏影响力,对团队也无甚贡献。长此以往,乙的沟通将越来越少,也越来越缺乏自信,从而让他人进一步认为他可能缺乏潜力,逐步将其归入"无能"的行列。

甲、乙这两种情况下,最终结果都是某种初始预判的产物——初始预判决定了沟通方式,而沟通方式又进一步佐证了初始预判。然而值得注意的是,这些最初的预判可能和甲、乙对团队的贡献毫无关联。然而甲最终有所建树,乙却碌碌无为。团队成员必须对这种预判及循环强化过程非常敏感，组织才能避免这些不相关因素带来的负面影响。

而过程咨询顾问的关键作用是，当他观察到团队内成员的参与度和贡献率参差不齐时，他应该判断出这到底是如实反映了组织成员的个人能力，还是上述循环强化过程的结果。如果是后者的话，他就应该帮助团队来重新评估自身的运作，重新校验对团队成员贡献程度的偏见，建立起帮助不自信成员大胆发表观点并增强自信的机制。

结　语

在前文中，我探讨了沟通的各个方面。从相对公开的过程开始，包括发言者、对话对象、干扰插话、沟通方式等。然后我回顾了更加细微的沟通问题，如非语言沟通中所隐含的意义，基于我们的认知与否和透露倾向而划分出的不同沟通层次，以及作为沟通双方因为存在"过滤"而引发的问题。

这里所列出的内容绝非穷尽了沟通中的所有问题。例如，我们没有讨论语义学相关问题，也没有探讨如何让沟通更有说服力的沟通方式问题，这些主题通常会在"有效沟通"类别课程中找到。我所选择的主题反映了在"只有保持良好团队成员关系,才能确保工作产出"此类场景中的沟通问题,包括工作团队、员工会议、自由研讨、高管决策等场景。过程咨询顾问必须帮助团队找到能够促成高绩效表现和良好关系的有效沟通交流方式。

第四章

团队建立与维护的过程

在过往与客户组织的早期接触中，我发现一个很明显的现象是与我合作的团队可能处于不同的发展阶段。有的客户团队彼此之间从未合作过，是一个崭新的团队。在我受邀参加的委员会会议中，有的小组会作为特别议题安排在团队每周例会中，也有一些因咨询项目而组建的小组会安排在首次团队会议中。与会人员可能相互非常熟悉，也可能是在会议中初次见面。由于情况复杂多变，因此顾问需要掌握一个建立和发展团队的简易模型。

基本理论前提如下：当两人或多人组成一个工作或任务导向的团队时，首先会经历一段本质上以自我为导向的时期，这反映了新成员加入该团队时的各种顾虑。随着自我导向行为的逐步减少，团队成员开始更加关注彼此和当前的任务。然后旨在完成团队任务的行为会与有助于团队关系建立和维系的行为同时产生。我会按照时间顺序来介绍这些步骤，尽管某些步骤在某些阶段可能会有所交错。

阶段一：新建团队的问题——自我导向行为

任何人进入新团队时都会因为潜在的情感因素而遇到一些问题，只有解决这些问题才能适应新的环境。我们不难发现会有四类大的问题（见表4-1）。

表4-1　新加入团队时引起自我导向行为的问题

问题	引发感受	（自我导向的）应对方法
1. 身份 我是谁？	沮丧 不安	1. "强硬/激进"回应 彼此斗争、操纵控制、对抗权威
2. 掌控权和影响力 我能控制和影响他人吗？	紧张	2. "温和/支持"回应 表示支持、提供帮助、结成联盟、相互支撑
3. 需求和目标 团队目标是否也包含我的个人需求？	焦虑 不安	3. "退缩/否认"回应 消极怠工、冷眼旁观 滥用"逻辑和理性"
4. 接纳和亲密程度 团队能够接纳并喜欢我吗？ 我们能够达到怎样的亲密程度？		

（1）身份和角色。团队成员最先需要解决的重要问题是选择一个自己能够接受且在团队中切实可行的角色和身份。换句话说，无论新成员是否意识到这一点，他都要明确："我在这个团队中的角色是什么？"

这个问题之所以放在首要位置，是因为每个人在不同情形下会扮演不同的角色并采取不同的行为方式。我应该成为积极进取的强势领导者，还是成为诙谐幽默的压力缓解者，又或是成为安静的倾听者，何种模式对我们更有所裨益？

我们每个人都会随着生活场景的变化对生活状态有所调整。因此当我们进入新环境中时，往往都会有一些选择"弹性"。在正式的委员会或工作组中，最初的任务分工会在一定程度上解决这个问题。如某位团队成员被告知他在这个团队中将代表"人力资源"的立场，或是一位强势的会议主席明确告知其他团队成员所扮演的"角色"。然而，这依然是不充分的，人们仍有很大的自由度来调整个人风格以让团队中其他人接受。正如表4-1所示，情绪问题只要存在（无论成员是否意识到这一点），就会成为紧张感的来源，导致团队成员关注自我，因而减少对他人及团队工作的倾听和关注。

（2）掌控权、权力和影响力。团队新成员所要解决的第二个问题就是权力和影响力的分配。我们每个人都有一定的控制和影响其他成员的需求，但需求的程度和表达形式因人而异。有些人可能希望影响任务最终的解决方案，有些人可能希望影响团队决策的方法或流程，还有些人希望在团队中获得显赫的位置，等等。

在团队创立之初，成员们并不了解彼此的风格和需求，也就无法轻易地判断谁将会在哪个方面影响他人。因此顾问在初期会议中经常会觉察到大量相互交锋、试探和尝试不同形式的影响。顾问需要留意，以免对这种行为产生误解。从表面来看，这无疑和团队所面临的任务毫不相干，但这却代表了一个极其重要的过程——团队成员正为了摆脱自我关注而聚焦到团队任务，开始了解情况、结识并接受队友。

此时，如果会议主席执意按照既定议程推进，打断了这种相互熟悉和磨合，他很可能得到肤浅的解决方案（因为成员尚未准备好执行任务），同时在执行中彼此磨合不足导致严重影响方案实施的质量和进度。顾问在这个阶段必须帮助会议主席理解这种磨合对团队建设的意义和作用，使其认识到团队成员只有逐渐减少自我关注才能建立良好的沟通。

（3）**个人需求与团队目标**。团队成员面临的第三个问题是已设定或即将讨论确定的团队目标可能没有涵盖其个人目标和需求。如果这个问题过于突出，会让团队成员产生"观望"的心态，妨碍他全身心投入。团队整体面临的问题是如果大量成员采取观望态度，团队就很难明确小组目标并展开行动。应对这个问题的一种方法是团队求助于各种权威以确定议程、制定目标或提出任务。会议主席如果能够顶住压力并制定目标，他就能解决一部分问题。然而他并不能确保设定的目标能够让全体成员充分参与、竭尽所能。

更好的方式是直面问题，帮助团队成员理解只有当个人的需求相互分享和了解之后，才有可能制定有效的团队目标。因此，团队在组建初期必须提供足够的时间，引导团队成员思考他们真正希望从这个团队中收获什么。而顾问的作用则是控制团队进度，并让团队成员理解前期沟通是团队发展至关重要、不可或缺的一部分。

（4）接纳和亲密程度。我们将这两点相提并论，是因为本质上它们与同一个深层问题有关。这个深层问题是：整个团队是否接纳并喜欢我？为了达到相互尊重和彼此接纳的舒适状态，我们彼此应该多亲密？每个团队都应该制定利于解决这两个问题的标准。接纳程度和亲密程度也没有最佳的固定答案，这完全取决于成员、团队任务、时间限制和其他影响因素。但在工作规范建立之前，这个问题始终会是紧张感的来源。

这个问题最初体现在团队相互称谓和礼仪上。随着团队的发展，焦点会转到是否应该标准化团队工作流程。在后期，这个问题会更加聚焦在团队讨论应该更加侧重团队任务还是允许并鼓励相互交流。

团队也可以通过罗伯特议事规则或其他方式来解决，但这些方式更多是将问题搁置而非彻底解决。顾问必须帮助团队意识到这个问题，这才是更有效、更合理的做法。

情绪问题的回应方式

团队中新成员的深层情绪问题往往会引发紧张、沮丧不安和过于自我关注的感受。面对这些问题和随之而来的紧张感，我们通常会如何应对？表4-1最右列中罗列了三种应对类型：

（1）强硬或激进回应；

（2）温和或支持回应；

（3）退缩或否认回应。

强硬或激进回应往往体现为各种形式的斗争，如争论、反驳他人观点、讽刺嘲笑、故意无视他人、恶语中伤和调侃取笑等。尽管这种行为常常打着"辩论"或"探讨分歧"的幌子，并没有触犯团队的讨论规则，但顾问必须谨慎观察成员的这些深层感受，到底是真的在探寻更好的解决方案，还是仅仅通过挑战和测试他人反应来舒缓自己的情绪问题。

激进的回应还表现为通过篡改流程、呼吁或告知他人讨论内容来控制其他成员等。如果试图控制的对象是团队中的权威，这种情绪反映了反依赖心理。所谓反依赖心理，就是指个人想要对抗权威的欲望。"主席想让我们做什么，我们就故意不做！"或者："我们应该按照我们的方式来做，而不是按他的要求进行。"

大多数正式团队中，公开表达的反依赖性会受到礼仪要求和权力等级的约束，因此这种行为比较难以察觉。作为顾问来说，应该觉察到这种行为，帮助团队认识到这种行为的正当性；帮助团队把情绪回应和任务中的不同观点区分开来应该并不困难。

温和或支持的回应方式在组织中数不胜数。成员通常找到他们认同的人，结成同盟或小团体。小团体内部尽量避免冲突、相互支持、互帮互助，遏制激进和分裂的想法。如果依附的是团队中的权威，那么这种行为体现出的就是依赖性，即寻求靠山并向其咨询建议和解决方案。

顾问如何将这种依赖行为和建设性的解决问题行为区分开来呢？首先，顾问要记录这些回应在团队或个人行为中出现的时间。正如我所指出的，情绪化的自我导向行为往往出现在早期，也就是成员试图在团队中建立自己的一席之地时。如果后期同样的行为持续出现，这往往意味着对任务的真正支持。

第二个标准是顾问要判断支持行为是基于真正的相互理解还

是盲目附和。我所描述的情绪化行为通常是指团队成员在尚未达到相互理解时拉帮结派。顾问必须协助团队把草率求助、盲目助人、过度依赖与后期团队建设、解决问题过程中可能出现的类似行为区分开来。

退缩或否认回应的主要特征是压抑紧张不安和其他感受，从而产生消极怠工、漠不关心、无动于衷的态度。仿佛在说："我没有什么想法，你们继续奋斗吧，我只看着你们推动团队前进。等你们把事情都搞定，我再加入好了。"

另一种情绪化的行为是让团队认同在讨论中不应该加入任何情感因素，应该建立严格的流程，不惜一切代价避免情感因素的影响。当冲突产生时，他会说："各位伙伴，我们都是文明和成熟的人，要冷静理智地来处理问题。我们要依据事实，千万不要受到情感的影响。"

如果真的足够理智和有逻辑性，应该会意识到在这种情况下感受是必须考虑在内的"事实"。团队可以通过设置议程来减少或规避感情因素影响，但情感并不会消失，也不能阻止情感对团队成员解决问题的行为产生影响。如果某个成员紧张焦躁而且过于关注自我，他将不再倾听和关心其他成员，更谈不上有效地解决问题了。

在处理团队中的情绪问题时，我们可能会以上述中任何一种方式进行回应，回应方式的选择取决于个人的性格、人际交往的经历、团队中其他成员的行为以及组织结构和标准化程度。例如，一个标准化程度较高且管理严格的团队中退缩和否认回应的倾向会更高。从长远来看，这有可能会影响团队的团结和进取性。当这类团队面对较为复杂困难的问题时，在引导团队将精力投入解决问题上，以及彼此充分沟通以形成真正的团队解决方案等方面会面临较大的挑战。关于情绪表达的探索可能会导致团队最初的不适，但从长远来看却更有利于帮助团队提升沟通能力和工作效率。

解决情绪问题

在前文中，我介绍了每个人在加入新团队时可能会出现的四种情绪问题，即身份、影响力和权力、需求与目标、接纳和亲密程度。团队成员会变得紧张，并以各种情感应对方式给予回应，直至团队制定出与目标、影响力和亲密程度相关的准则，他也在团队中找到了自己的定位，紧张感才会消除。

团队成员的这些行为会对团队造成一定影响，因为成员过度关注自身感受，会使彼此倾听和解决问题的能力减弱。而且每个团队成员在解决这些问题并明确自身定位的过程中，都会经历一些成长的痛苦。如果正式结构禁止这个成长过程，团队就仅仅是被某种正式结构捆绑在一起的一群个体，难以成为能够进行协作的真正团队，发挥真正的力量。

过程咨询顾问可以通过多种方式帮助团队解决这些情绪问题。第一，他需要了解现状，同时不会因为成员之间最初的沟通问题而感到焦虑；第二，他必须帮助团队意识到初期的冲突争议、拉帮结派和消极退缩回应是团队成员认识彼此、相互磨合以在团队内找到自己定位的过程。为了达到这个目的，他可以通过培训干预，如对团队理论进行简要介绍。他也需要表明自己的观点：大家正在经历的是团队建设的正常过程，并不是浪费时间。

为了提供帮助，顾问必须全面充分地了解团队组建的方式，团队规则建立并最终形成团队文化的过程中会涉及哪些问题。他特别需要意识到随着个体自我导向行为的不断减少和团队意识的逐渐形成，团队必须管理好其内部职能和外部关系，才能够维系生存并实现良好运转。

过程管理需要洞察力、大量的时间和精力。作为过程咨询顾问，我必须协助团队管理者了解并接受团队建设需要投入大量时间和精力的事实。而管理者往往希望团队能够立即投入工作，从而忽略或否定团队需要组建成型这个阶段。如果团队不能迅速解决问题，团队成员可能会愤愤不平或对团队大失所望。此时，顾问需要让团队了解这个现象背后的情绪原因，鼓励管理者不厌其烦地安排足够的时间让团队磨合以使团队成长，帮助团队成员意识到自己所表现出的愤怒和不耐烦也正是其他成员所面临的相同情感的反映。

最后，顾问在向团队成员提供行为反馈方面必须是专家。在团队成员对现状和情绪问题背后原因都不了解的情况下，顾问要善于针对成员自身的行为给出有效的反馈。如果成员想深入了解并能够自行诊断，顾问应该尽力帮助每一个成员了解他自己的应对行为。

随着团队成员对自身行为的逐渐深入了解，他们也开始意识到队友的感受和应对方式。当他们逐渐意识到团队需要他们的贡献，能够包容他们的时候，就会逐渐放松下来，也会越来越关注其他伙伴。团队会因此进入一个良性循环——更少的紧迫感、更多的倾听、更多的担当、更强的整体配合、更少的形式主义、更强的自律和投入。但需要注意的是，只有团队自主解决内外部问题，才能够达到这个状态，外部强加要求和规定并不能实现这个目标。

阶段二：团队任务与团队维护

在前文中，我论述了在团队准备好高效解决问题之前所要面对的问题。在接下来的章节中，我将对团队问题解决和成员贡献的各个方面进行阐述。在表4-2中，我列出了团队任务与维护职能的清单，这些行为都必须一定程度地在团队内部发生才能推动团队有效前进。另外，团队还必须维护好内部环境，并做好团队边界维护的工作。

表4-2 团队中的任务、建设与维护职能

任务职能	建设与维护职能	边界管理职能
任务发起	协调	定义边界
信息收集	妥协	巡视
信息交流	把关	谈判
意见收集	鼓励	诠释
意见交流	诊断	把关/防卫/巡检
澄清	标准建立	出入管理
详尽说明	标准校验	
概括总结		
共识校验		

从过程咨询顾问的角度来看，该清单对于盘点哪些职能正常运转，哪些职能完全缺失或未正常执行而言至关重要。过程观察者还可以通过对职能分布进行研究，以找到"职能是否在组织内平均分配""某些成员是否持续从事某项任务""领导者的职能是什么"等问题的答案。

任务职能

让我们首先来查看任务职能。为了让团队在某项任务上取得进展，必须有人承担"任务发起"职能。某人必须陈述目标或问题，就如何实现目标提出建议，设定时限或具体指标等。"任务发起"职能往往由团队领导者或团队召集者承担，但随着团队成长和彼此信任的逐步建立，"任务发起"职能会逐渐由更多团队成员承担。

为了取得进展，必须就与任务相关的各个问题展开"收集信息/意见"与"交流信息/意见"的工作。在执行任务过程中，团队所收集的信息和意见往往能够决定解决方案的质量。观察者必须仔细留意并帮助团队检查是否为完成"收集信息和意见"职能留出了足够的时间。此外，区分"寻求"或"给予"、"信息"或"意见"也非常重要。团队常常遇到的问题是太多的成员在收集和交流足够信息之前就开始发表意见，引发了毫无结果的辩论。在这种情况下，顾问可以通过询问"还需要收集哪些信息来解决问题"聚焦话题从而提供帮助。

"澄清"和"详尽说明"是团队运作中的重要职能，其目的是检验沟通的充分性，并能以彼此的想法为基础，进一步衍生出更复杂、更有创造性的提议。如果缺失这两个环节，团队也就不能真正发挥出其独特优势。而过程咨询顾问可以采用的常规有力措施是通过阐述团队成员的某些想法，从而提出问题或校验自己的理解是否正确。

"概括总结"是一项重要职能，通过定期总结可以保证团队的创意想法不会因为团队规模过大或持续时间过长而丢失。有效的总结包括对团队已经阐明的重点、团队成员所陈述的不同观点的回顾，以确保在决策时团队已经获取了充分的信息。我在参与决策会议时观察到的一个常见问题是执委会或项目组常常会按照顺序逐一讨论问题并就事论事，却没有就整个讨论过程形成决议。这一现象正是因为缺失了"概括总结"职能。我们可以请记录员在团队讨论时，在白板上进行记录，以便于任何时候团队成员都可以看到所讨论内容的重点摘要；或者我们可以定时邀请某位成员通过简单回顾他所听到的内容，并由此给出他个人的初步判断，从而给团队以参考。"概括总结"和"澄清"对于顾问而言是最为重要的两项职能。

最后，团队需要定期有人进行"共识校验"，测试是基本达成决议，还是应该继续讨论。"共识校验"的方式可以通过询问"我们是否准备好做出决定了"这样的问题，或者给出一些总结："在我看来，我们列出了三种选择，而且都比较倾向于选择第二种，是这样吗？""共识校验"职能能否成功地推动团队前进，在很大程度上取决于个人能否敏感把握正确的测试时机。即使提出"共识校验"的时机不太恰当，也依然能够推动团队展开进一步讨论。

诸如此类的任务职能显然与团队高效解决问题息息相关，因此过程咨询顾问可以较为轻易地通过任务职能分析让团队反思其思考过程。顾问最可能出现问题的环节正是选择哪些行为引发团队注意，而选择任务职能无疑是较为稳妥的方式，几乎不太可能被认为与工作毫无关联从而受到抵触。

团队建设与内部维护职能

为了使团队能够持续维系并有效地解决问题，团队成员必须注重建立并维系良好的关系。正常来说，这应该是团队始终关注的问题，正如我们在团队成立初期诊断时已经看到的，成员确实会因为过分关注自己的需求而损害与他人的关系。

团队所面临的问题是如何修复这些受损的关系并且最大限度地减少损失。所谓关系受损，是指团队成员因对任务持对立观点而怒目相向，或是团队成员因被否决或忽视而感到被排斥，或是团队成员感到产生误会或被打岔，等等。在以上各种情况下，该成员会暂时聚焦于个人的需求和感受，减少对团队的努力贡献。如果团队没有进行关系维护，帮助他重新和团队达成和谐一致，团队就会失去这个成员的支持，甚至他可能从中作梗，破坏团队的努力。

对某些成员活动进行干预可以被视为预防性维护措施。譬如，

"把关"的作用是指确保每个成员都有机会为解决方案贡献力量。因此,"把关"需要减少过于活跃成员的活动,调动被动成员的参与度。我常常会发现有些成员刚开始发表意见,就被更强势的成员打断,夺走话语权。反复几次之后,他就会放弃尝试而保持沉默,只在有人点名他发言的时候才发表自己的观点。

"鼓励"的作用是帮助一个人提出自己的观点。一方面是成员的观点可以补充团队所需要的信息,另一方面也是让他和其他成员都感受到团队开放兼容的沟通氛围。

"协调"和"妥协"被刻意归入建设与维护职能列表而非任务职能列表中,是因为这两项职能在减少因个人分歧而产生破坏性方面很有效,但在解决任务问题方面的作用却很有限。这一点至关重要,因为过程顾问在关注团队有效性时,往往会被默认为以团队平稳运作与和谐相处为首要目的。但实际上,当进行某些真实的综合性解决方案讨论时,团队很可能会面对并经历一些尖锐分歧,无法进行任何妥协或协调。因此当团队选择彼此妥协退让时,顾问可能需要帮助团队正视冲突并解决问题。而当某些成员出于自我导向的原因(如维护个人在团队中的地位等)相互争执导致沟通中断时,维护过程就不可或缺,这样的维护主要是通过帮助团队成员盘点个人行为并协调冲突,以重新建立良好沟通。

当团队关系破损到一定程度,"诊断""标准设置""标准校验"

就会成为团队最首要的工作。团队需要暂停手中的任务工作：

（1）审视关系受损的过程，了解成员对团队、规范、运作方式的看法。

（2）公开说明出现的问题和冲突。大多数团队只有顾问在场或团队中存在某位真正过程导向的成员时才会采用这种方式。团队若要保持高效率运作，就必须经历这个重新评估和反省的过程。

边界管理职能

所有的团队都存在于某个组织或社会环境中，因此团队的主要任务之一就是管理它与外界环境的关系。[1]

"定义边界"是一个基本职能，是通过指定谁在团队内而谁不在，从而定义出团队的边界。顾问可以观察到与内外部成员交流互动的一系列定义方式，包括团队制服、沟通方式、团队内自我称谓、会议细节等，可以借由这些内容来区分团队内部和外部人员。

"巡视"职能是指向团队提供所需的外部环境信息的活动。这些信息包括可以帮助团队预测未来的现实状况，可以使用的资源，外部关键人物对团队的看法，团队发展的支持要素和危险来

---

[1] 与内部管理职能相比，定义边界管理职能方面的文章少得多。此处所特别参照的是 Ancona 1988 年的开拓性著作。

源，等等。顾问所处的位置特别有助于进行巡视活动，及时发现遗漏了哪些巡视职能，以防止该团队因意外的环境事件而陷入危险之中。

"谈判"职能涉及大量活动，旨在确保团队获得所需的东西、管控机会与风险来源、与外部可能影响团队命运的关键人员建立良好关系。因此，当遇到利益冲突或需要拓展和其他团队的沟通渠道时，团队就会释放信息以及安排联络人与关键外部人员进行谈判。

"诠释"职能是指理解外部信息，了解其对于团队的意义；同时将团队的信息向外发布，确保他人能够正确理解。在与外部进行信息交换的过程中，团队必须对这些信息进行筛选、归类和详细诠释，确保内部理解和外部接受。对顾问而言，这也是一个极好的提问机会，他可以向团队询问不同词汇对他人的意义。

"（技术）把关"至关重要，这指的是向团队提供完成任务所需要的一切特殊信息。在产品开发等技术导向的团队中，很多成员都会从外部技术环境中寻求关键信息并运用到他们的工作中。

"防卫（或巡检）"就是确保该团队的正直诚实。如谁有权限参加会议，可以与外部人员共享哪些信息，成员在保守团队秘密方面达成了哪些共识，如何应对不速之客，如何处理泄密者和令团队蒙羞者等。

"出入管理"是指团队引入新成员（迁入者）和移除现有成员（迁出者或逐出者）的过程。团队必须为新成员提供社交活动、传授知识、培训并举行欢迎仪式，并根据成员离开的情况举行各种告别仪式。离开的原因可能是获得了晋升，被安排执行其他任务，或是他们并不喜欢团队，也可能是他们无法融入团队，或违反了团队准则被要求离开。原因不同，告别仪式也截然不同。

当然，组织中还有其他职能，我所提供的列表也未必是团队成员履行活动或承担角色的最好分类方式。对于过程咨询顾问而言，最重要的一点是需要认识到：在每个团队创立、发展和维护过程中都应该考虑内外部的环境因素。顾问需要通过观察团队实施和管理各项活动，明确管理过度或管理不足的问题点，找到最需要干预的地方。

我所关注的两个阶段（新建/维护）并没有涵盖团队的整个生命周期。随着团队的逐渐成长壮大、团队文化的逐步发展，必将衍生出新的事务和问题，而这些问题通常会超出顾问所能参与的范围，除非团队陷入停滞状态，需要顾问协助重新"激活"。

帮助团队学习

过程咨询顾问如何在日常工作中鼓励团队履行这些职能？一种最简单的方式是在每次会议结束时（或定期）安排出 15 ～

30分钟的一段时间,来对会议进行复盘并收集团队成员对会议过程的感受。可以使用开放式的问题,也可以使用如表4-3所示的诊断工具来收集团队成员的反馈。这一组特定的问题聚焦于团队内部关系上,但如果顾问认为团队需要在外部得到帮助,也可以围绕外部边界管理提出一系列适用的问题。

表4-3 团队有效性分析检测量表

团队有效性分析
1. 目标 差 1 2 3 4 5 6 7 8 9 10 好 迷茫困惑、支离破碎、自相矛盾、冷眼旁观、兴致寥寥　　　　　　　　　清晰明确、一致认可、目标导向、上下同欲
2. 参与度 差 1 2 3 4 5 6 7 8 9 10 好 少数权威、消极倾听、随意交谈/打断　　　　　　　　　　　　　全员参与、积极倾听
3. 感受 差 1 2 3 4 5 6 7 8 9 10 好 不予理会、指责　　　　　　　　　　　　　　　畅所欲言、热情回应
4. 团队问题诊断 差 1 2 3 4 5 6 7 8 9 10 好 直奔解决方案;治标不治本　　　　　　　　　基于问题分析诊断制定决策;直击根源问题
5. 领导力 差 1 2 3 4 5 6 7 8 9 10 好 缺乏所需领导力;依赖某人或少数人　　　　　大部分成员都有足够领导力;主动担当

续表

团队有效性分析
6. 决策制定 差　1　2　3　4　5　6　7　8　9　10　好 议而不决；少数人决策，其他人不予认可　　　　　　　寻求共识并校验；发挥所长以优化决策；全员支持
7. 信任度 差　1　2　3　4　5　6　7　8　9　10　好 相互猜忌；小心谨慎、客套、防卫；阳奉阴违；不敢/不愿被指责　　彼此信赖；信赖团队；彼此尊重；直言不讳
8. 创造力与成长性 差　1　2　3　4　5　6　7　8　9　10　好 墨守成规；因循守旧；冥顽不化；毫无发展　　　　灵活应变；变革求新；自我成长

　　如果适用诊断调查表，顾问就必须规划更多的时间进行分析。如果团队对诊断价值有所疑虑，顾问可以不使用调查表，而从简短的开放式讨论开始，直到团队了解此类讨论的价值并愿意为之投入更多时间。顾问往往可以聚焦于他认为可能出现问题的一两个议题入手展开讨论。

　　在诊断期间，顾问必须小心守住自身角色定位，因为小组一旦敞开心扉，对于顾问而言极大的诱惑就是，赶紧上前，将自己在几个小时内所做的所有详尽观察展示给大家。而实际上，团队常常会邀请顾问对观察结果进行介绍，从而加剧了这种诱惑。"您在会议期间感受如何?""您花费了数个小时观察我们团队,您有什么看法?"

顾问此时必须牢记自身的基本任务:让团队分享诊断内容,并帮助团队学会如何诊断自身运作过程。如果顾问无法抵制诱惑而成为观察责任人,那么团队也很有可能放弃其诊断责任。此外,如果顾问提出了一些成员不认可的意见,他很容易成为"众矢之的"。最后,如果顾问率先提出自己的看法,他可能会忽略自身正在运作的"过滤"机制,从而展示一些并不那么重要或是带有顾问偏见的事情。

顾问不仅需要留意规避这些陷阱,他还需要鼓励团队投入时间进行诊断,并且带领团队尝试澄清和理解团队的运作过程。只有团队成员进行观察诊断之后,顾问才能给出自己的观察结果,并寻找机会提供一些团队理论来加深团队成员的理解,这样才是合适的。重点是团队必须承担责任,同时顾问必须坚守住不要过线。如果团队希冀顾问代替他们完成这项工作,顾问必须礼貌拒绝并敦促团队自己动手进行诊断。

结　语

到目前为止,我们聚焦于团队中个体行为的各个方面和职能。

我们研究了自我导向行为的原因和类型。然后我们研究了与完成工作相关的各项任务职能，也了解了确保团队良好运转以及帮助团队在外部环境中管理其关系的维护职能。当我们对这些基础知识有所认知之后，就可以进一步分析团队实际工作中所涉及的过程：问题解决与决策制定。

第五章

团队问题解决与决策制定

组织中的团队往往"因事而生"。团队通常承担着完成某项任务或解决某个问题的职能。无论我们是聚焦二人小组,如我与客户尝试建立关系,还是我受邀参加一个工作组会议以结识客户组织,通常都会有明确或尚未明确的任务,或是有待解决的问题,需要做出决策,也需要对所投入的时间和精力进行管理。那么团队是如何处理和解决问题的呢?

问题解决

"问题解决"作为一个过程已经被广泛认知和讨论。我推荐给各位读者的并不是最终的理论模型，而是可以用于观察和分析的使用模型。下文中我即将描述和分析的步骤／阶段适用于任何类型的问题解决过程，无论是对于单人，还是二人小组，或是在大型委员会甚至在整个组织中。而与前文章节一样，我将依旧关注于小型团队，因为在这种规模的组织单元中过程咨询顾问才最有可能做出自己的贡献。

图 5-1 中所展示的基本模型由理查德·瓦伦（Richard Wallen）开发，最初应用于敏感性训练项目中。这个模型区分出了问题分析与解决过程的两个基本周期，第一个周期发生在任何决策和行动之前，第二个周期发生在做出决策之后。

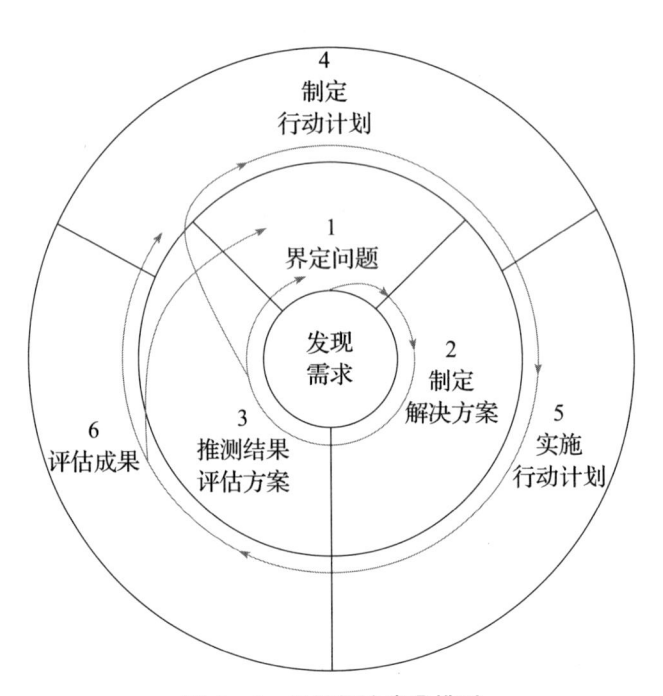

图 5-1 问题解决步骤模型

1 界定问题
2 制定解决方案
3 推测结果 评估方案
4 制定行动计划
5 实施行动计划
6 评估成果

（中心：发现需求）

第一个周期包含三个阶段：

（1）描述和界定问题；

（2）制定行动方案；

（3）对行动方案的结果做出预测，或在最终行动前从逻辑层面对方案进行推演和评估。

当团队做出最终正式决策时，第一个周期完成。第二个周期随即开始：

（4）制定行动计划；

（5）逐步实施行动计划；

（6）评估每个阶段行动的结果，通常可能会返回到第一个循环——对问题进行重新界定。

之所以要将整个过程划分为多个阶段，是因为只有如此，才能对解决问题的过程进行管控和避免缺失某个环节从而导致问题无法有效解决。

循环一

界定问题。以我的经验来看，最困难的步骤就是界定问题。难点很大程度上在于我们往往混淆了症状和问题。当管理者发现问题或感到实际情况与计划有出入时，他通常就会启动一个解决问题的过程。这种问题诸如销售额下滑、未能如期交货、客户电话投诉、生产线出现故障、发生火灾等。

然而，所观察到的各种现象并非就是真正需要解决的"问题"，它们只是有待改善的"表象"。在着手解决问题之前，管理者首先必须识别和界定问题，这是第一个周期的关键，通常也是最困难的阶段。

我们以销售额下滑为例来说明问题的复杂性。管理者召集他的骨干下属，坐下来讨论销量下滑的问题。如果管理者没有搞清"症状"和"问题"的区别，他们可能很快就会陷入是否应该增加广告预算或新增人员编制的争论中。然而他是否已经界定了问题呢？是否界定了哪些因素可能会导致销售额下滑？

导致销售额下滑的原因很多，譬如出现了错误的市场预期（这意味着在营销部门没什么可以做的，而应该在公司的市场部门进行调整），或者出现了新的竞争对手，产品质量下降，或是销售骨干投奔了竞品公司，又或者消费者对产品的喜好发生了改变，等等。如果没有投入时间和精力进行诊断，管理者就无法知道导致销量低于预期的真正原因，也就不清楚他真正应该做的事情。

过程咨询顾问通常可以在此环节扮演重要角色，因为顾问不用像管理者一样背负时限压力，更有可能关注到诊断和推理过于迅速而导致的问题。顾问的角色通常是帮助小组放慢节奏，让团队避免在没有确定问题之前草率行事，花费一些时间和精力界定真正的问题，从而可以在后期节约大量时间、精力。

在这里，需要特别提及一类特殊的问题，即涉及人际关系的问题。一位管理者表示，他在激励下属、跨部门协调，向上影响、整合资源或推动变革方面都存在问题。这些问题往往令人沮丧和不安，但管理者并不了解他沮丧不安的原因到底是什么。他知道出现了问题，但并不知道问题是什么，更不知道如何解决。

在这种情况下，过程咨询顾问可以请管理者或团队给出导致他们感到沮丧的具体事件或行为示例，从而帮助管理者和团队确定问题。通过对行为事件的细节进行仔细推敲从而确定到底是哪个事件导致了管理者的沮丧不安，顾问可以帮助团队找到真正的问题，而其中最为关键的步骤是从事件推敲中概括出问题。

这个过程，正如图5-2所示，是任何界定问题不可或缺的步骤，也是最容易被忽略的过程，而忽略该步骤往往会导致过早停止问题分析而出现错误诊断。在销售额下滑这个案例中，团队应该认真分析所有关于销售额下滑的信息（何时何地出现下滑），然后找到这些事件的共性和相互联系。

感到沮丧不安 ⇨ 找出导致这种感受的行为事件 ⇨ 分析行为事件 ⇨ 推断内在关联 ⇨ 界定问题

图5-2　开始界定问题的必要步骤

制定解决方案。一旦问题得到了充分的澄清，团队就可以开始进一步探讨想法或行动方案以解决问题。这个阶段最大的误区是团队逐一对想法或提案进行评估，这有可能会让团队陷入争论而无法开展有效对话。因此，决不能让团队通过评论一系列解决方案的方式来对问题发表意见。

过程咨询顾问可以指出过早评估解决方案的不良后果，从而提供帮助。（1）在没有与其他想法比较之前，评估的信息并不充分。（2）太快对某个想法或提案进行评价判断，会让意见提出者感受到威胁。如果他的想法被迅速否决，他可能就不再愿意发表自己的看法了。

应当鼓励团队以集思广益的头脑风暴形式来实施这个过程，即鼓励团队成员发表意见，在搜集所有意见之后再进行评价。群策群力就是建立在这样的规则之上，在大家发表意见的阶段不允许对意见进行评价，只有这样才能保证团队的创造力。

当团队将所有意见都罗列出来之后，那些明显行不通的方案团队一看即知，团队可以集中研讨可能性较高的两到三个方案。

推测结果和评估方案。推测方案结果并评估的过程往往很难，因为团队尚未明确评估的标准。测试标准可能包括以下方面：（1）个人经验；（2）专家意见；（3）数据/信息的调研；（4）有计划的科学检验和研究。

个人经验和专家意见容易获取，但有效性往往最低。问卷或访谈调研虽然有效性更高，但也需要投入更多时间和费用。过程咨询顾问在此阶段的主要职责就是提供一些可选方案，并引导团队选择与测试方案相匹配的验证方法。例如，如果团队在两种新产品的研发取舍方面犹豫不决，就应该进行一些市场调研和营销测试；如果团队需要决策是将盈余资金用于扩充资本还是投资，就应该征求金融专家的意见；等等。无论评估何种方案，一个团队往往只使用一种验证方法。

在问题解决的每一个阶段，都可能因为研讨揭示出一些新情况从而需要重新定义问题。例如，验证是否需要开展新一轮广告活动时，通过数据分析可能会发现原有的宣传活动效果非常显著，这个发现会让我们反思最初的认知——广告宣传不佳导致销售受挫的问题假设是否正确。顾问需要帮助团队认知到从最初的假设，到解决思路的产生、测试，再到问题的重新界定，这种循环正是解决问题的合理方式。顾问必须帮助团队消除"不断重新定义问题只是在浪费时间"的错误疑虑，直到团队能够熟练地运用问题解决循环。

循环二

循环一的所有步骤都发生在讨论环节，并不会涉及行动（团队希望收集一些数据以评估解决方案）。当团队就解决方案达成共识并准备付诸实施时，我们将进入循环二，即行动循环。图 5-1 中并没有标注出决策环节，而是用跨越循环一和循环二边界的那条线来表示。

尽管解决方案已经确定，但解决问题的过程还远没有结束。团队必须制定详细的行动计划，设定行动步骤，并想方设法确认行动步骤是否在有效解决问题。因此，最后一个步骤（评估结果）应该提前考虑：应该设定哪些信息来确认我们的行动步骤是否取得了预期的成果？

在这个过程中，只要团队发现他们没有正确澄清最初提出的问题，就必须回到循环一，对问题进行重新定义，然后集思广益并进行检验。我想再次强调，这样的循环往复是合理的，不应该被视为浪费时间。如果团队没有对问题进行准确定义，无疑是南辕北辙。在最初无论花费多少努力来准确定义问题，相较于投入大量人力物力来实施行动最终却发现方向错误都要划算得多。然而，作为一名过程咨询顾问，我发现让团队回到第一步并自我反省确实很难："我们是否正确地提出了问题？我们在做正确的事情吗？"

制定并实施行动计划。行动计划阶段可以被视为一个新的问题，同样也需要界定问题（执行我们的解决方案时会出现哪些问题）、确定想法和方案（实施该方案有哪些替代方法），并对想法进行测试（在我们的备选方案中哪一个是最佳实施方案）。

如果压缩或跳过这些环节，行动计划就无法得到有效实施。同时可能会让团队质疑解决方案是否奏效，而不是实施过程出现了问题。因此，顾问的主要作用是让团队放慢节奏，鼓励他们在行动前进行精心策划。

这个阶段常常出现的错误是仅制定总体计划，而没有将责任落实到人。在我参与的多次团队会议中，团队都做出了决议，但会议结束后却毫无进展，因为每个人都认为执行是别人的事，与自己无关。明确行动的责任人不仅可以确保计划的有效推进，还可以对决策进行校验，因为承担责任的实施人往往会提出一些此前决策中并未考虑到的问题。

在有些时候，整个循环二都会委派给某个人或某个团队。例如，解决前文中销售额下滑的团队最终决策是"加大广告宣传力度"。制定这个决策之后，他们就要求广告部门增加某些产品的广告。而团队本身却放松下来开始重新等待销售数据。这样的做法合理吗？在很多情况下，答案是否定的。

最核心的问题在于，当团队将方案完全甩手交由其他人负责执行时，执行者可能很难完全理解并有效执行行动计划。因为他们并没有经历定义问题的过程，也不理解为什么现在看起来可行的一些方案被否决了，他们可能还会觉得方案给出的建议过于笼统，无法落地执行。

同样，如果管理团队邀请工作组或咨询顾问来完成问题诊断过程（即循环一），而他们就只是等待由对方出具书面诊断和解决方案，这种方式同样也会导致出现问题。如果管理团队没有参与到问题诊断和方案制定测试（循环一）的过程中，而咨询顾问或工作组也没有周详地考虑方案落地执行环节（循环二），管理团队十有八九会否决这个方案或找个借口将其搁置一旁。

考虑到上述两种情况，建议负责循环一和循环二的团队人员应该尽量确保深入沟通。如果交由同一个团队来负责是更理想的状态；如果一定要交由两个团队来负责，负责循环一和循环二的团队需要设定一个过渡环节，只有当循环二团队对前期情况完全了解时，循环一团队才能撤出。

循环一团队应该邀请实施团队参与到尽可能早的过程中，至少需要和实施团队一起回顾循环一团队如何达成解决方案的全部过程。在这个过程中，关键环节是允许执行团队（循环二团队）可以针对为什么没有选择其他在他们看来更好的方案，向循环一团队充分提问。他们应该得到他们认为合理的答案，否则循环一团队就必须重新审视实施团队提出的方案。

优秀的问题解决团队会邀请实施团队在最早的创意产生环节就进行参与，从而避免因为沟通问题而失败。彼此衔接得越早，就越有可能避免重要备选方案被忽略，也愈发可以让实施团队避免产生误解或误入歧途。过程咨询顾问在这个环节的作用是帮助团队尽早认识到在解决问题过程中将复杂解决方案传达给实施者的难度，从而采取保护机制以防止沟通失败。再次强调，让最终实施团队尽早参与到问题解决的过程中是避免沟通失败的最好办法。

评估成果。为了确保评价准确可靠，团队应该在下列问题上达成共识：

（1）评估标准；

（2）成果达成时间进度表；

（3）反馈评估信息的责任人。

这个阶段的另一个关键点是团队应该做好足够的心理建设——当回到循环一时，要重新界定问题而不要急于探寻新的解决方案。良好地界定问题就完成了解决问题的四分之三，因此团队应该做好随时开始重新审视问题的准备。而顾问应该不断提醒："我们现在正在解决什么问题？"

将解决问题的过程表述为一系列循环而非线性过程的目的，是强调发现新信息就要返回到早期阶段（界定问题）的重要性。

团队决策

问题解决过程中的关键步骤之一就是制定决策。问题解决过程的每个环节都会涉及决策，但由循环一到循环二的过渡环节格外引人关注，因为在这个环节中问题解决团队需要决策制定解决方案。在这个步骤之前，团队需要决策举行团队会议的时间、地点、组织形式、时间分配、会议程序或规则（是否设置会议主席、是否遵循罗伯特议事规则等），也需要明确界定问题的标准从而判断何时可以开始收集解决建议。通常来说，小组成员并不会感知到他们已经做了如此之多的过程决策，也不会意识到这些决策对于团队氛围和解决方案质量的重要影响。因此顾问需要做好准备，通过各种方式来帮助团队认识到一些可用的决策方式。

在查看下列各种不同决策方式时，切勿草率判断哪一种最好。不同的决策方式适用于不同场合。另外，每种方式对后期的团队运作都会带来不同的影响。因此重点是团队需要充分理解这些影响，以便选择合适的方式——与团队现状、团队历史、任务类型和期望氛围相符合的决策方式。

无回应决策（石沉大海）

这是最常见也是最不容易察觉的团队决策方式。当某人提出一个想法，在团队中有人对这个想法给出反馈之前，另一个人又提出了一个新的想法，这个过程周而复始，直至团队最终选择一个想法开始讨论。所有被忽略的想法实质上都是由团队选择的，只是他们的选择是不支持这些想法，用忽视让提出者无以为继，想法也如同"石沉大海"。在大多数会议中，这样的"石头"随处可见。

权威决策

很多团队都设立有权力结构，确保会议主席或其他权威人士拥有决策制定权。团队可以各抒己见，畅所欲言，但发表完意见后，主席可以随时宣布自己的决定。这种方式非常高效，但从有效性来说，很大程度上取决于主席是不是一个足够好的听众，以及能否从讨论中选出正确的信息以进行决策。此外，如果团队继续推进工作或执行决策，这种方式决定了只会有少数团队成员参与，降低了团队的参与度，进而会影响决策实施的质量。

我参与过很多类似的会议，会议主席在团队讨论几分钟后便做出了决定，然而后期的执行情况却往往与主席的期望大相径庭。在后期的复盘中，我发现原因是该团队或是对主席的决策理解不足，或是根本就不认同这个决策，因此既没有能力也没有意愿来有效执行该决策。

少数决策

团队成员常常抱怨他们"被通过"了某些决策。通常这种感觉来源于团队内的个别人提出了行动计划作为解决策略，跳过了决策环节，然而该决策并没有得到大多数人的认同。

个人（尤其是会议主席）也可以通过不给其他人反驳机会来推行他个人的决策。我们可以举一个这样的例子。会议主席说："我认为，解决问题的方法是让我们每个人都发表自己的想法，让我们了解彼此的立场。关于这件事，我的看法是……"说完之后，转向右手边的人："哈利，你怎么看？"当哈利发言结束后，他继续邀请下一位发言，直至成员发言全部结束。实际上团队已经决定了如何开展工作，只是除了主席，其他人都未必赞同这种工作方式。

另一种策略是说："嗯，看来大家都同意了，那我们就按照约翰的建议来执行吧。"细心的观察者可能会发现只有约翰、主席以及极个别人赞同这个想法，其他人都保持了沉默。而当询问他决策如何制定时，他可能会说："这是大家都同意的啊，每个人都有机会提出反对意见，但沉默就代表大家没有意见，不是吗？"然而我们如果事后对团队成员进行访谈，有时我们很可能会发现其实大多数人都不同意这个看法，不过团队成员误认为其他沉默的人都表示同意，因此犹豫而没有提出反对意见。于是，这个团队也被"沉默代表同意"的潜规则所困住了。

用少数决策方式来"统治"团队最常见的方式是让两个或两个以上的成员就所期望的行动方针迅速达成一致，然后立即向团队询问："有人反对吗？"如果在几秒钟之内没有人提出反对意见，他们就说："好，那就这么办吧。"这同样是利用了"沉默代表同意"的假设陷阱。

过程咨询顾问在前三种决策方式中起着重要作用，主要是因为人们很少会意识到决策方式的重要性。然而很多团队决策，甚至是与团队程序或规则秩序相关的重大决策也是如此草草就做出决定。而当某个团队成员提出"我们并没有真正同意"时，他往往被视为妨碍了团队进程，因此即使团队成员对决策并不认同，强大的压力也会迫使他们保持沉默，听之任之。

顾问首先必须引导团队了解他们所要制定的决策和决策方式，请团队成员对决策方式是否与现实情况匹配进行评估。譬如，团队同意由主席个人做出决策，他们可能认为这样也是适当的，因为时间仓促，需要有人快速做出决定，团队才能聚焦推进重要工作。

在另一种情况下，团队可能认为依次发言太过于强调外在形式，影响了团队在已提出的想法上持续创新的能力，因此他们会选择另一种激发团队想法的方式。顾问的重点是让决策讨论过程变得合理化，并能够留出一些观察的空间便于团队更好地理解顾问的想法。

多数决策：投票或选举

这种决策方式我们并不陌生，它反映了美国的政治体制，并被认为通常适用于任何情况。简单的操作方式是经过一段时间的讨论之后调研每个人的意见，如果大多数人的看法相同，就将其认为是决策。另一种方式较为正式，就是提出一项动议，请大家就该议案进行投票，赞成、反对或弃权。

这个方法看似完美无缺，但令人惊奇的是，即使是通过这种方式制定的决策，也常常无法得以有效实施。原因何在？如果请团队成员讨论这个过程或是对少数派的某位成员进行访谈，我们可能会发现存在两种心理障碍：（1）少数派成员往往感到讨论时间不足，无法让团队真正理解他们的观点；他们会感到被误解，有时还会感到很愤慨。（2）少数派认为投票使团队分裂成了两大对立阵营，彼此是胜负竞争关系，他们在第一个回合输了，但他们会重组，寻求支持并在下一回合中获得胜利，这只是时间问题。

换句话说，投票造成了团队分裂，失败者并不关注如何实现多数派的决议，而是想方设法赢得下一回合。如果要使用投票方式进行决策，团队必须让每个成员都意识到自己是团队的一分子，并且有义务执行团队的决议。过程咨询顾问的主要职责是为团队说明每种决策方式的优劣之处，并对团队氛围进行足够讨论从而确保团队选择最佳决策方法。

共识决策

最有效但最耗时的团队决策方式是达成共识。我所定义的共识并不是全体成员意见完全一致，而是指沟通顺畅、氛围融洽、公平公正，每个人都感到他们有机会来影响决策的状态。有人会调研与会者的看法，而并非采用投票这种正式程序。

如果大多数人意见一致，而少数反对派觉得他们已有过机会影响这一决策，那么就可以达成共识。从操作上来说，这种共识的状态应该可以被定义为：少数持有异议的成员已经完全理解了团队决策，并准备好支持决策执行。这是一种心理状态，大概可以描述为"我明白你们大多数人想做什么，我个人并不会主动选择这么做，但我认为你们也了解了我的想法。我已经尽力让你们改变立场，但很显然我失败了。既然如此，我将遵循你们的意见，不遗余力地执行这项决策"。

为了达到这种状态，所有成员都应该有足够的时间来陈述反对意见，让其他人完全理解自己的想法。如若不然，他们会认为是因为自己没有陈述清楚而没有获得他人的支持，并且长时间纠结于这个想法。只有认真倾听反对意见，才能消除这种感觉，达成有效的集体决策。

过程咨询顾问要帮助团队确定应该在哪些决策上达成共识，哪些决策是至关重要的。他很可能建议的一个准则是决策程序，该决策与团队工作方式相关，对于每个团队成员而言都极为重要，因此这个决策应该通过共识达成。团队也可能决定把权力交给主席，或可能尝试非正式讨论，还有可能进行头脑风暴。但无论做出什么样的决策，都应该确保每个成员都完全了解，不会产生想要破坏团队程序的念头。不幸的是，这些决策通常都由少数成员制定，而由于成员动力不足，缺乏参与和清晰交流，最终团队往往白白浪费了许多时间。

无异议决策

这是一种逻辑上完美却无法实现的一种决策，它要求所有人对行动方案都完全认同。对于某些关键重大决策，可能需要达成完全无异议。但对于大多数决策而言，只需要形成共识即可，当然，必须是真正的共识。过程咨询顾问可以帮助团队指出在哪些方面对达成意见一致的要求过高。团队并不用在所有决策上做到毫无异议，因为这会严重降低制定决策的效率。最重要的是要花费一些时间商讨并确定在给定的任务或现状下采用何种策略。

决策注意点

最后需要注意的是,决策方法往往只是由团队召集人或主席向团队宣布。在这种情况下,过程咨询顾问必须尝试确定团队是否对所使用的决策方法感到认可。如果仍有部分成员并不认可,顾问就应该找机会与主席面谈,看他能否允许团队就如何制定决策进行讨论。就我的经验来看,主席往往会因为担心这种讨论会让他们失去对会议的控制而造成混乱,害怕并不愿开展这种讨论。为了打消他们的顾虑,过程咨询顾问可以向他们说明不同的决策方式并不一定意味着混乱的沟通过程。如果顾问可以提供一些可行的备选方案,通常可以鼓励主席亲自尝试并得出自己的结论。

结　语

解决问题可以被界定为两个循环组成,其中一个循环主要涉及讨论,另一个循环主要涉及采取行动。循环一包括问题界定和问题澄清、提出想法建议、通过测试想法和建议来预测结果。最困难的阶段是界定真正的问题所在,通常这个阶段需要额外的诊断工作。

循环二涉及行动计划制定、行动步骤实施和结果评估。行动计划制定本身就是一个解决问题的过程。如果在过程中涉及不同的参与者，在整个过程中的主要问题就是从循环一过渡到循环二。负责实施决策的人员应该尽早参与到制定决策的过程中。

决策的方式包括：

（1）无回应决策；

（2）权威决策；

（3）少数决策；

（4）多数决策；

（5）共识决策；

（6）无异议决策。

对于团队而言，重要的是理解这些不同的决策方式，并针对所执行的任务或决策类型选择合适的方法。

第六章

团队成长与发展：规范与文化

当团队共同工作、共同面对问题时，它会逐渐建立起关于自身和行为规范的共同假设。换言之，这个团队作为一个群体，学习如何应对其所处环境中的外部生存以及如何管理和整合其自身内部流程的问题。这些学习的总和，体现为被内部成员视为理所当然的一系列隐含假设，可以被认为就是该群体的文化。而这种文化的主要意义之一即是用于指导团队成员的行为规范。

如果我们对于群体活动中的重大事件以及群体如何应对这些事件进行分析，就可以观察规范和最终文化假设形成的过程。例如，作为一名过程咨询顾问，我常常在解决问题的过程中观察到某些管理者或权威希望按照自己的想法行事，而某位或多位团队成员会进行争辩或拒绝执行，也就是出现了某种形式的"不顺从"。如果管理者做出了惩罚性的应对，明确要求强制执行，而团队成员停止争辩并接受惩罚，这样的行为就会在团队内建立起"如何应对权威"的规范。

再看另外一个例子，从一个观察者的视角，我会发现各个团队的交流开放程度截然不同。一个团队成员突然告知另一位成员："我认为你在应对客户方面表现极其糟糕。"此时，其他团队成员，尤其是团队掌权者处理此类评论的方式，就会为团队的开放程度和冲突应对建立规范。如果其他成员表现出震惊并保持沉默，而团队主席若无其事并转换了话题，那么他其实是在明确给出回应——这种开放程度在团队内是不受欢迎的。但如果他说："约翰，我了解你的感受，我想听你讲讲更多信息，你是如何观察并得出这样的判断的？"这样的话语表示他不仅允许团队内出现这样的言论，还会通过询问其他信息来促进对话。与此同时，他可能是在尝试建立这样一种规范，即只有有事实和数据支持的判断才是合理的。

团队规范难以在组织流程中被识别和界定，却能对成员的行为、认知和感受产生较大影响。一部分影响力来自它们进入了每一个成员的头脑中，成为个人工作的指导原则默默发挥作用。

规范可以被定义为特定的团队或组织中成员用于判断行为对错、好坏、是否恰当、是否被允许的一系列假设或期望。规范通常不会被自发表达出来，但如果有要求，团队成员可以对此提出声明。典型的团队规范可能包括：

"禁止在团队内赌咒或辱骂队友。"

"按时出席会议。"

"不应质疑或挑战主席的正式通告。"

"我们应该互相以名字称呼，而非职位。"

"所有的成员都应该参与进来。"

"达成真正的共识，而不是简单投票。"

"应该等所有成员到场之后才开始会议。"

公开的口头或书面规范是团队规章和守则，可以被称为显性规范。那些不言而喻的规范被称为隐性规范或"潜规则"。当团队成员触犯规范时，我们就能够感受到规范的存在，如顿时鸦雀无声、指责、严厉斥责等。成员如果频繁违背规范，就会面临各种形式的惩罚。行为极其恶劣的话，他们将被从团队中开除。

过程咨询顾问的一项重要职责就尝试破译规范，并检查团队在某些问题上达成共识的程度。在前文中，这被定义为标准的设置与测试。团队中破坏力最大的情形之一是由于缺乏共识——

团队成员认为规范在运作，但实际上并非如此。成员担心自己的意见不会被接受，于是保持沉默，有价值的想法和建议就此被埋没；有时团队甚至会去做一些实际上没有任何人希望去做的事情。杰瑞·哈维（Jerry Harvey）将这种情况定义为阿比林悖论（Abilene Paradox）。他强调说，当个人没有意愿时，一定要表述出来并检查其他人的假设，避免进入阿比林悖论的困境。

过程咨询顾问还可以通过观察团队对关键事件的处理方法，推断出团队正在建立的规范，从而为团队提供帮助。如果团队后期参与到自身的过程分析中，顾问可以帮助团队确定和重构其自身的一些规范，并让团队测试规范有效还是阻碍了决策的高效执行。譬如在某个团队中，成员只有被点名才会发表意见和提供信息，这已经形成了一种规范。然而团队发现这种方式严重影响了好的思路和想法的提出。在明确现有规范之后，团队就可以着手对其修正，目标是与团队理想的运作方式保持一致。

有时，团队还会发现显性规范与隐性规范可能相互矛盾。例如某个显性规范要求团队成员直言不讳，隐形规范却禁止成员反驳团队中掌权者的观点。又如显性规范倡导成员平等，在讨论中拥有平等发言的权利，但隐性规范是团队中位高权重的人应该首先发言，其他人应该尽量与之保持一致。这些规范在实际操作中可能十分微妙，如果团队要学习观察规范对自身的影响，过程咨询顾问必须找到对应的具体示例。

随着规范的逐步成型，规范之间的联系也越来越多，团队开始思考"文化"的问题。文化之所以难以变革，是因为当团队规则开始相互支持时，很难通过调整一两个"碍事"的规范而不重新设定整套规范来改变文化。假如某个团队制定一个规范，"团队的重要决策，必须要达成共识"，而且这项规范已经受到了其他规范的支持，诸如"敢于提出不同意见""在团队解决问题时，必须始终保持坦诚和开放""团队尚未达成共识前，任何人不许付诸行动"。如果想要将该规范转向"主席制定决策，团队执行（或许是为了更快地做出决策）"，除非团队成员同时改变对参与和执行的态度，否则转变不可能发生。过程咨询顾问必须协助团队理解规范之间的联系，从而在必要的情况下改变规范。

关于文化的内容数不胜数，但并不在本书讨论范畴内。文化规范的影响如此之强，让过程咨询顾问不得不对其加以重视。[1]

---

[1] 读者想要了解更多文化主题（及其对于组织影响的）讨论内容，可以查阅拙作《过程咨询Ⅱ：顾问与管理者的必修课》，以及《组织文化与领导力》。

团队成熟度

无论是团队或是人际关系都会成长和发展，从相互初识的早期阶段（第四章所述）开始，到高效、平稳运作的成熟阶段，直至最终的稳定和停滞状态。然而，对团队成员而言，很难意识到该团队已经发展壮大，这往往是因为团队对成长的标准并没有清晰定义。过程咨询顾问在帮助团队确定其发展和成熟状态方面最能发挥作用。

团队的成熟度并没有通用的衡量标准，但团队可以通过多个维度进行自我评估，从而确定其所获得的成长以及进一步发展的方向。我将这些维度放入了一个简单的自我评估问卷中，成员可以定期填写该问卷，从中确定他们对各个维度的看法，并了解这些感受随时间的变化情况。表6-1列出了问卷样表，但各个维度只是示例，并非绝对建议。

表 6-1　团队成熟度评价标准

团队成熟度评价表 （1～5分，3分为平均值）					
1. 获得反馈的恰当机制					
较差的反馈机制	1　2　3　4　5					极好的反馈机制
2. 恰当的决策程序					
较差的决策程序	1　2　3　4　5					完善的决策程序

续表

3. 强大凝聚力						
弱凝聚力	1	2	3	4	5	强凝聚力
4. 灵活的组织与程序						
僵化死板	1	2	3	4	5	灵活机动
5. 最大化地调动团队资源						
较差运用资源	1	2	3	4	5	出色运用资源
6. 清晰的沟通						
较差的沟通	1	2	3	4	5	极好的沟通
7. 明确的共享目标						
模糊不清/没有共识	1	2	3	4	5	清晰明确/一致认同
8. 对权威的依赖性						
完全依赖	1	2	3	4	5	高度自立
9. 共同参与的领导职能						
独裁	1	2	3	4	5	高度共享
10. 对少数意见/成员的接受度						
低接受度	1	2	3	4	5	高接受度

表6-1中列举的各个维度是用于评价个体性格的基本成熟度标准，我们也可以将类似的标准用于评价团队：

（1）该团队是否有能力应对其所处的外部环境？在该环境中有多"游刃有余"？

（2）团队是否就使命、目标和最终价值达成了基本共识？

（3）团队是否有自知之明？团队成员是否了解团队做什么以

及为什么做？

（4）团队能否最大化利用现有资源？

（5）团队内部流程（包括沟通、决策、权限和影响力分配、团队规范）是否达到了最佳组合状态？

（6）团队是否有能力从经验教训中进行学习？团队能否吸纳新信息并随机应变？

任何团队都不可能在上述六个维度达到完美。这些衡量标准的主要作用是可以让团队看到自身随着时间推移所获得的进步，同时发现运作方式中的薄弱环节。这意味着团队需要特别关注第6个问题，并保持强大的学习能力。可以通过界定被团队和组织认为有益的学习和应对循环，来进一步细化这些标准，即团队想要从自身的经验教训中学习所必须成功协商的步骤：

（1）感知到团队内外部环境中的变化；

（2）将相关外部信息引入可以采取行动的团队或组织，消化信息而不是否定或推翻信息；

（3）根据信息调整内部过程，同时尽量降低和控制变化带来的不良影响；

（4）形成新的行为或产品以响应已感知到的外界环境变化；

（5）收集关于新的应对方式是否成功适应环境变化的反馈。

过程咨询顾问的角色至关重要，他会协助团队确定并应对过程的各个阶段，同时判断他们的处理步骤是否得当。最重要的是，顾问要帮助团队成员发现成果突出并显示出真正成长迹象的领域，因为团队成员往往只会看到工作中的问题，可能过早丧失信心。

结　语

本章讨论了团队规范和文化的起源、功能和意义。我强调了规范在团队运作中的重要性，说明了团队规范、规范的形式是顾问和管理者可以关注和追踪的关键过程；同时还确定了团队用于衡量其成长和发展的一些维度，并给出了团队成熟度和成功团队学习的基本标准。

第七章

领导与影响

所有的人际关系都会涉及领导和影响——我们总是带着意图和目标做事，无论是与外部任务相关，还是仅仅希望建立朋友关系、享受美好时光或是被人喜欢上。我们如何通过对现实施加影响从而达成目标正是人类社会中最为复杂和多维度的过程之一。

我们可以从"领导""管理""权限""权力"等多个视角对此过程进行分析。通常，试图建立影响的前提和假设往往是隐性甚至是被刻意隐瞒的，因此我们对这个过程往往会感到困惑，甚至会不由自主地产生负面猜测，诸如"操纵"或"胁迫"。

为了对这个复杂过程给出简化模型，我首先需要澄清一些关键术语的概念：

（1）**领导**——团队或组织中的某些成员尝试创立或改变团队中基本假设和价值观的行为。

（2）**管理**——团队或组织中的某些成员帮助团队实现某些目标的行为，但前提是在团队事先认可的假设或价值观框架内。

（3）**权力**——基于以下原因控制和影响他人行为的能力：①拥有他人所需的资源；②富有影响力的个人特征（魅力）；③被认为掌控着他人所需的资源。

（4）**权限**——被合法授予组织某个岗位或某人的影响力的数量。如果组织中其他人并不认可该授予过程的合法性（诸如晋升、选举等），则该人员只拥有正式权力，但不具备影响力。

（5）**胁迫**——因为实际掌握着他人所需自由、食物、安全等资源，从而无论他人是否认可，都能够影响他人的能力。

（6）**操纵**——在不暴露个人影响动机的情况下影响他人。操纵的合法性取决于人们如何评价动机。

基于这些定义，我们又该如何理解各种人际互动场景中所观察到的施加影响的方式呢？一种简化该过程的方式，就是基于我们对组织事务的理解，盘点过往历史中对管理思想产生指导作用的主流假设或模型。我将其归类为四种人性模型：

（1）理性经济假设。 这种假设与麦格雷戈（Douglas McGregor）的"X理论"十分相似。核心观点是：人类为金钱而工作，因此必须受到经济激励机制的刺激和控制；人是懒惰的，如果没有管理，他们会无所事事。因此，管理者必须组织、控制、激励下属，并为下属的工作表现承担责任。

（2）社会假设。 这种假设的观点是人类的基本需求是与上级和同事保持良好的关系。因此，管理者必须建立一个相处融洽的工作环境；关心下属，理解下属的需求并为之争取，从而与下属建立亲密和谐的关系。

（3）自我实现假设。 这组假设的基本观点是人类具有需求层次，只有当低层次需求得到满足时，高层次需求才会发挥作用。最终人类需要发挥自身的全部潜能从而实现自我。因此，管理者必须提供足够多的挑战，建立能够让下属充分发挥其才能的工作环境；充分了解下属，知道激发他们的时机和方式。管理者无须给予下属额外的激励，充分释放他们的动机就是最好的激励；与此同时，管理者也不需要对下属进行控制，因为自我控制的能力是人类的天性。该假设与麦格雷戈的Y理论非常相似。

（4）复杂假设。 这种假设的基本观点是：人类彼此不同，无论是他们的知识和技能，还是他们的动机都会持续不断地变化和成长。因此，一个人可以从"理性经济型"最终发展为"自我实现型"。当然这取决于他的天性、所处的组织以及许多其他因素。因此，管理者必须是一名优秀的诊断医生，以便能了解下属的真正动机和能力；此外，他还需要足够灵活变通，能够针对不同类型的人采用不同的影响方式。

作为过程咨询顾问，常常有机会观察到实践中的管理者。看到管理者如何与人打交道，如何运作团队，如何思考和记录。对于如何解读所听到、观察到的内容，顾问可以自我总结管理者的基本假设是什么，并推演这些基本假设是如何影响管理者的领导风格的。当有机会与管理者共同探讨时，顾问可以引导管理者思考其个人假设，通过提供观察结果，帮助管理者来解读其行为所蕴含的意义。

例如，我曾经与一位管理者共事。他告诉我，希望他的直接下属能够在自己的业务领域更加主动地推进工作。然而仅过了一会儿，他就向我展示了一份清单，罗列了他就一位下属所提交方案的 19 条修改意见！我询问他是否思考过传递给下属的信息："更主动推进工作"和"在行动之前，最好把 19 个问题都考虑清楚"会有所冲突。

经过进一步探索，我们发现管理者确实不像他所声称的那么信任下属，事无巨细的质询态度清晰地传递出了这种不信任感，因此下属的行动会非常谨慎。在对自身行为进行实质探索之后，管理者才意识到在思维层面他希望下属更加主动，但在实际行动中他希望进行严格的控制。一旦意识到自身的这些感受，他就不会再因为下属的谨慎行为感到不安。

接下来的这个案例揭示了意义更为深远的组织现象。某公司总裁因为创立了让工程师和其他专业人员真正感受到挑战性的工作范围而深感自豪，然而他却被告知该公司内部通信系统被过度使用，带来了过高的成本。经过他的核实，发现确实费用高昂，于是他指示办公室主任起草了一份处罚通知，该通知用语极其严厉，将员工斥责为愚蠢和冥顽不化。总裁在正式签发之前问我对此事的看法。

在接下来的沟通中，我帮助总裁意识到了将员工视为专业人士的企业文化与将员工视为"顽固孩童"的处罚通知之间的矛盾。我向他指出，如果该文件就此签发，可能确实会减少通信系统的使用，但企业文化会同时受到不可挽回的损害。该通知会传递出总裁对员工完全不信任的信息，虽然他实际上完全不这么认为。总裁没有考虑到管理沟通对整个组织氛围的影响，因此忽略了通知的措辞。而一旦他意识到这一点，他会采用更合适的方式传递出想要表达的信息。

很多管理者确实处于两难境地，一方面，他们希望信任下属，并告知大家；但另一方面，他们也很害怕信任下属，并在不知不觉中会将暗示不信任的信息传递出去。过程咨询顾问可以通过鼓励管理者进行自我检查来提供帮助，如此一来，管理者的矛盾情绪可以转化为真实的感觉。不管是选择信任还是不信任下属，甚至继续保持矛盾的态度，但无论如何，管理者对于自身行为可能对周围人员产生影响会增加更多洞察。

权力根源与合法基础

对顾问而言，最为关键的观察内容之一是"成功施加影响的行为是如何发生的"。当 A 对 B 产生影响时，B 受到影响的真正原因是什么？这个问题并没有简单的答案，这也正是权力、影响力、领导力的概念如此复杂之部分原因所在。B 受到影响的原因可能来自以下所列可能中任意一种：

（1）**被胁迫的、非正当的影响**。B 遵循了 A 的要求，是因为他觉得自己别无选择。A 控制了 B 所需的一些关键资源，例如他的工作评价、加薪机会或在公司中的发展机会等。

（2）**传统和习惯**。B 之所以遵循，是因为他习惯性遵循 A 的要求，因为根据过往历史和经验，"听 A 的准没错"。A 可能是 B

的父亲，也可能是封建社会中的君王，也有可能是企业的创始人或老板。

（3）**合法权限**。B遵从A是因为他接受A作为他的合法上级。这意味着B对人们获得权限的制度表示认同，无论是选举制度还是任命制度。合法性因对制度的认可产生，因此B甚至有可能会面对个人层面并不认同的上级，但如果上级是通过合法方式获得权限，他也会接受上级的领导。

（4）**衍生权威**。因为A是由B所尊敬对象的友人，或是由B的合法上级指定，又或是以其他方式从某些拥有权限的人员那里得到了权限，所以B遵从A的安排。

（5）**专长**。B之所以遵从A，是因为他尊重A解决高难度问题的能力。B从过往对A的观察经历中得知，A学识渊博、专业精通，相信其可以给出明智的指令。

（6）**个人特质或人格魅力**。B的遵从是因为A具有强大的个人魅力，B无法抗拒。事实上，如果A具有令人钦佩或心向往之的个人魅力，B可能对A产生盲目忠诚，甚至遵从A的非理性指令。

以上不同来源的权力和影响力会影响B的感受、长期稳定性，以及决策的执行情况。如果B认为影响来源并不合法，虽然他可能会表面遵从，但在实际执行中采取破坏行动或消极怠工，最终无助于问题解决。因此，过程咨询顾问必须帮助管理者或团队领导理解其权力或权限的基础。在这个方面出现错误，可能会导致管理无效的风险。

另外，如果管理者自视过高，无论是合法权限、专业知识还是魅力，风险都会急剧提升。下属因为胁迫或惯性继续推进工作，而管理者误以为彼此关系稳定，工作有序推进，但实际上无疑是空中楼阁。过程咨询顾问必须帮助管理者切实地思考影响力的来源。

领导与决策风格

此前我们介绍了团队制定决策的不同方式。如果我们从管理者的角度来看待这个过程，现在我们可以分析在管理者最初构建人际关系时，他可以有哪些选择。这个分析不仅适用于员工会议、项目任务，也同样适用于多人聚集到一起以解决问题的任何场景。罗伯特·坦南鲍姆（Robert Tannenbaum）和沃伦·施密特（Warren Schmidt）为管理者提供的行动选择模型最为有效。他们设定了一个维度，从一端的管理者完全独裁到另一端团队完全自治（如图7-1）。在一种极端情况下，完全由管理者进行决策，然后简单将其宣布告知其他相关人员；在另一种极端情况下，管理者只是陈述所要实现的最终目标，实现的方式完全由团队自由决策而定。

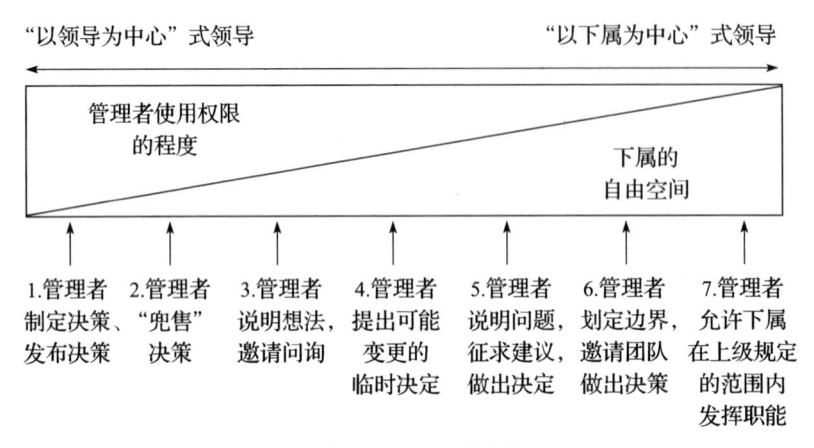

图 7-1 "领导行为连续体"理论

资料来源：TANNENBAUM R, SCHMIDT W H. How to Choose a Leadership Patern. *Harv. Bus. Rev.*, March-April, 1958.

对于大部分管理者而言，极端情况很容易认知。对于他们而言，了解过程中的各个状态，以及根据实际情况选择不同方式才是难点。例如状态 2，管理者可以自行做出决策，但他需要花费较多精力解释从而让他人能够接受。又如状态 3，管理者保留做决定的权力，但告知团队成员他的想法，并邀请团队成员在正式决定之前给予评论。在状态 5 中，管理者可以提出问题，邀请团队成员提出想法和建议方案，或探讨出几种可能的选择，最终做出决定。在状态 6 中，管理者可以声明一些边界限制，不允许超出限制，但团队可以在限制范围内制定决策；在过程中，管理者可以如同状态 4，随时变更自己的决策。

对于哪些因素将决定给定管理情境下的合适选择，坦南鲍姆和施密特给出了需要考虑的三个影响因素：

（1）管理者自身的实力；

（2）团队成员的实力；

（3）情境中的其他影响因素。

管理者自身的实力包括他的价值体系、对团队的信心、个人倾向和风格，以及自身在该情境中的安全感；团队成员的实力包括他们此前在决策方面的经验、实际能力、对不确定性的容忍度、可以参与问题探讨的深度，以及自身对成长的期望和需求；情境中的其他影响因素包括决策的时限压力、待解决的问题类型，以及组织类型等。

过程咨询可以协助管理者梳理可用的备选方案，分析诊断情境中的各项因素，从而提供最大化的帮助。在这个模型中，没有涉及人员的选择正误，也没有要求特定的领导风格，管理者所面对的核心问题就是对情境做出正确诊断，并选择适合的应对方式。

应当说明，这种领导和管理模式对管理者个人特质言及甚少。就我个人而言，我既不认为管理者应该具备一些"神奇"的特质，也不认为所有领导和管理情境所要求的特质是相同的。胜任总裁和胜任副总裁的独特要求可能存在很大不同。生产管理者与销售管理者、研发管理者往往也都是不同类型的人。每个人都希望成为领导者，但要做到有效领导，他必须能够根据工作任务和所处情境采取相应的对策。

综上所述，过程咨询顾问无法帮助公司确定某岗位的匹配人选或选择晋升的对象，相反，他与该组织缔结的心理契约恰恰会阻止他涉入此类工作。但顾问确实可以帮助管理者思考自身的特质、价值观、动机和性情是否匹配他目前担任或希望担任的特定领导职务。如果他对管理者的行为进行了观察，他还可以提供一些反馈意见，帮助管理者更加清晰地反思自己的管理风格，并选择最适合的领导方式。如果工作要求与管理者的管理风格并不相容，管理者也可以调整自身风格，使之与工作要求更加匹配。

领导与管理

在前文的讨论中，我或多或少地交替使用了"领导""管理""影响力"的概念。如果要对这些概念进行区分,我的建议是领导和管理都会涉及影响力,但领导意味着影响最终目标、使命和文化,而管理则是影响事物的实施和执行方式。正如沃伦·本尼斯(Warren Bennis)所说,领导是做正确的事情,管理是把事情做正确。

除此之外,我认为领导力还应该包含对组织文化的评估,在需要的情况下,甚至还要对其进行变革。如果过程咨询顾问发现管理者正处于类似的情境中需要帮助,则他可以通过提供诊断工具来帮助管理者评估组织文化,并协助其实施变革过程。协助领导者意识到一场变革对组织成员带来的艰难和痛苦无疑是重要帮助之一。

结　语

领导、管理和影响已经被确定为基于多种隐性假设的高度可变行为。有效的行为取决于管理者、下属、待完成的任务性质和执行过程的组织环境,因此无法简单概括影响过程。

领导者或管理者对他人持有的假设将在很大程度上决定他影响他人的方式。因此意识到自己的假设至关重要,而帮助别人意识到他们的假设也非常关键。管理者可以根据假设情况，在集权控制和团队共创的方式之间灵活选择不同的程度。通过对管理者实力、团队成员实力和任务情境进行诊断分析，管理者可以提高灵活度，从而提升管理效率。

第八章

绩效评估与反馈

在任何人际组织中,过程咨询顾问会持续不断地观察到人们对彼此做出的判断。有时顾问会将这些判断公开表达出来,即公开"反馈"给这些做出判断的人。但大多数情况下,反馈是在私下完成的。对于过程咨询顾问而言,最常见的一大难题就是在会议结束后,管理者询问他对某事的看法。

为了使顾问能够将这个问题考虑清楚,他需要一个模型。不仅能够衡量和评估团队成员的行为和表现,也能揭示出此过程中的风险点。

评估人员及其表现的目的

对个体员工进行评估是组织生活和管理过程的内在要求。但原因是什么？为何我们需要收集信息？谁需要这些信息？多数管理者会基于以下一个或多个原因实施绩效评估：

（1）**奖惩**——**作为人员管理举措的基础**。任何组织都需要基于岗位进行人员配置，明确谁应该获得晋升，谁应该转岗，谁应该被解除劳动合约，同时还需要明确如何将有限的奖金分发给多个从事类似工作的人员。

（2）**盘点**——**作为人力资源规划的基础**。每个组织都需要建立一些流程来确保未来能够获得足够数量的合格人才。

（3）**发展**——**作为人才发展计划的基础**。大多数组织都希望最大限度地开发和利用其人力资源，因此组织需要建立系统来确定谁需要何种发展规划。另外，评估信息对于促进与发展有关的职业咨询也极为必要。

（4）**提升**——**绩效改进**。推动绩效评估的最根本原因是希望每个人的绩效都能得以改进，从而提升整个组织的效率。

在意识到评估的多重目的之后，过程咨询顾问需要警惕以下事实：不同类型的评估信息和评估过程，往往是基于不同的评估目标。没有任何一种方式可以达成所有的评估目的。因此管理者在评估过程中向顾问寻求帮助时，顾问可以从评估的目的入手："你出于何种目的需要进行评估？"

评估的步骤

下一个需要解决的问题是明确何为评估。评估过程从逻辑上可以分为四个步骤：

（1）观察被评估人的行为表现，在该情境中必须与业绩相关。

（2）设定绩效标准，定义优秀标准、合格标准和不合格标准。

（3）将观察到的行为和标准进行比对，这意味着需要具备一些对行为及标准进行衡量和打分的能力。

（4）对观察到的行为与评价标准之间的差距进行评估或判断。

过程咨询顾问需要注意，在实际运作中这些步骤有可能被跳过而得出了瞬时判断。诸如："乔是我最好的手下。""皮特这次搞砸了。""简很难与人友好相处。"顾问不应被诱导直接给出同意或不同意的意见，而应该帮助管理者进行分析：他基于什么数据做出了判断？他使用的标准是什么？为什么使用这种标准？该人员相较于标准如何评价？如果顾问可以帮助管理者思考各个步骤并检查客户的逻辑，那么顾问就是在帮助管理者进行评估，而不用基于少量数据给出自我判断。

评估的内容

更为复杂的是，我们往往不清楚实际上管理者在评估时所查看的是什么。以下几类信息可以用于识别：

（1）**稳定特质**。这些特质通常被认为是稳定不变的。例如："他是一个非常有活力的人。""他缺乏上进心。""她是我们最好的 IT 员工。"

（2）**可塑特质**。这是一些可以通过历练和培训而改变的个性或技能特质。例如："他最初非常强势，但随着历练变得更为成熟圆通。""她需要在会议中更加自信。""目前她只是缺少一些自信。"

（3）**平均绩效**。指在一段时间内某些特定行为特征或结果的总和。例如："他一直与客户保持良好关系。""她能很好地处理工作压力。""她一直在向我们的关键客户提供优质服务。"

（4）**特定表现**。指对某些特定情况的评估。例如："她在此次会议中应对门店职员很得体。""他在这次团队汇报中表现糟糕，而且缺乏说服力。""她错过了促销的最后期限。"

（5）**未来潜力**。这是相对于未来工作优势与劣势的评估。在一种情况下，潜力是指对某人能否晋升到更高层级或其他职能的评估；在另一种情况下，潜力是指某人的晋升上限和最终可以承担的岗位（最终潜力）。

当管理者不清楚他基于某种评估目的应该使用什么数据时，顾问应该警惕可能出现的混乱。例如，如果目标是为了改进绩效，那么最为相关的信息应该是特定表现的反馈［上文类别（4）］；如果目标是用于人力资源规划，那么管理者就应该关注平均绩效和潜力；如果目标是用于奖金发放或晋升，那么可塑特质和平均绩效是最为相关的信息；而如果目标是为了个人发展，那么就应该着重探讨稳定特质和可塑特质。顾问只需要让管理者基于上述类别反思评估过程，并不一定要扮演评估者的角色才能有所帮助。

给予和接收绩效反馈

评估过程中的主要问题之一是对评估信息的处理。是录入人员档案后就此封存，还是会对外披露？如果披露的话，披露的程度有多少？

围绕评估信息公开性问题的组织规范可能极为复杂，因为评估方式和反馈规则会相互影响。具体而言，如果组织中有明确的规范，要求在评估过程中向被评估员工充分披露关于其所有信息，则可以预见到，评估过程本身会倾向于较为中庸的判断和评价，因为主管会意识到如果他们给出过于极端的判断，后期在与下属讨论时难免会尴尬。

换一种情况，如果组织中的明确规范要求在反馈时只需要给出宽泛的结论，无须详细解释，也可以保留任何组织认为应该保密的信息，则员工会获得更为可靠、真实的评估。然而员工无法从评估中获得有效反馈以提升自我，只能从中获悉他们是否得以加薪、升职或转岗。

正是评估目标的不同导致了不同的评估过程，最终出现了看起来截然相反的结果。如果需要得到关于人员奖惩或人力资源规划方面的准确信息，那么评估系统需要最大限度地减少对员工反馈以提升真实有效性；但如果希望推动绩效改进和员工发展，则评估系统需要最大限度地加大对员工的反馈以获得翔实信息。因此没有一套评估系统可以有效地实现这两种目标。

过程咨询顾问如何帮助管理者摆脱困境呢？最重要的一点就是意识到这种冲突根源是给予绩效反馈的内在矛盾。顾问可以帮助管理者认识到不愿意进行评估和提供反馈在大多数文化场景中都是正常现象，因为更宽泛的社会准则要求为彼此保存"脸面"。

随后，顾问必须帮助管理者确定绩效评估的目标是什么，更为重要的是，如何实现这些目标。考虑到绩效改进的目标往往非常重要，而绩效改进又需要管理者向员工给予反馈，因此顾问可以帮助管理者提升如何给予反馈的技能。

顾问还可以提出问题，即目前的绩效评估方式是否完全满足组织需求，如果需要的话，顾问可以帮助管理者开发出多套评估系统。在大多数组织中，都会设置一套绩效评估系统来提供最大化的反馈和指导，另外可能还会存在一套独立的人力资源规划系统，该系统强调员工成长空间和潜力，通常不会对员工分享。

无论如何，给予反馈的技能是绩效评估过程的核心，因为该技能也是过程咨询顾问的核心技能，所以顾问能够很好地指导管理者如何最有效地给出反馈。以我的经验来看，就给予和接收反馈进行简单的讲授对管理者帮助极大。在下文中，我会强调以下几点。

给予反馈：问题、风险和准则

反馈可以被定义为向接收者提供"其是否正致力于所要实现

的目标"的相关指导。反馈总是与接收者的目标紧密关联。因此，第一个也是最为关键的风险点就是：

（1）没有就所要达成的目标/要达到的绩效标准达成共识。

如果管理者和下属在目标或绩效标准上存在分歧，那么从管理者角度给出的正确反馈信息，在下属看来就是吹毛求疵的批评。

反馈的内容可以正向强化（表扬下属做得好的地方），也可以是中性描述（说明下属所做的事情，不加以任何判断和评价），还可以是负向强化（批评下属做得不好的地方）。大多数学习理论已经证明，给出三种反馈信息的结果是不同的。

正面反馈最容易为人接受，也最令人愉悦，因为它将未来行为直接关联到更多已经奏效的行为中；如果下属自己拥有清晰明确的标准且只要求知道他自己的所作所为，那么描述性的中性反馈可能会非常有效。在十分敏感和涉及自我的区域，这是人们能够接受信息的唯一方式。

为了杜绝某些行为，负面反馈不可或缺，但负面反馈容易引发问题，因为这种反馈可能引起对方的防卫，矢口否认或置之不理。除此之外，负面反馈并没有就正确行为做出指导，也没有办法提供积极的改进方向。因此，反馈过程中的第二个风险点就是：

（2）过度依赖负面反馈，正面反馈与中性描述不足。

反馈是一个沟通过程，因此需要规避第三章中所概述的所有沟通陷阱。而反馈中的含糊信息以及掺杂对人格特质的泛泛评价可能会引发问题。因此，反馈过程的第三个风险点就是：

（3）评价信息模糊或过于泛泛，而不是特定于某个重要事例或某条标准。

我会列出几个例子来说明，在每个例子中，我都会标注出这些陷阱。

不清晰1："你太强势了。"（负面，内容模糊，笼统场景。）

清晰1："我发现你在表达观点的时候总是通过提高嗓门来压过他人，我认为这可能会破坏沟通。"（客观描述，精准行为，特定场景。）

不清晰2："你对下属的管理存在问题。"（负面，笼统场景。）

清晰2："你应该让下属更多地参与决策，并且让他们有机会表达自己的观点。"（负面，特定场景。）

不清晰3："你要更加积极主动一些。"（负面，笼统场景。）

清晰3："你应该需要设置自己的预算管控机制来防止预算超支，不要等我发现提醒。"（客观描述，特定场景。）

清晰传达语义的关键在于具体化。无论是正面还是负面的反馈，评价越笼统，就越有可能产生误解。

反馈的下一个问题与感知到的反馈给予者动机有关。如果接收者认为给予者真心想要提供帮助（相较于怀疑或不信任的情况），他更有可能倾听和认真对待。我们都有过类似的经历：当我们对某人不满时，为了宣泄愤怒，我们经常会说"让我给你一些反馈"。毋庸置疑，接受方也能感觉到，反馈者只是为了满足自己发泄愤怒的需求而已。因此，提供反馈的第四个风险点是：

（4）对于反馈给予者的动机缺乏明确认识。

同样，我们会列举几个例子来说明。

困惑1："我们本季度再次预算超支，你应该请你的下属更好地控制成本。"（上级希望提升绩效表现；下级认为自己因不称职而受到批评，开始担心自己的职业发展。）

清晰1："公司运转比较顺畅，但我仍然担心会预算超支。你对提升下属的成本意识有什么好的建议？"（上级明确给出自己的看法，并专注于某个特定问题。）

困惑2："我觉得你应该学会如何正确地对待客户。"（上级认为下属很有潜力，只需要克服一项弱点；下属可能认为自己表现很糟糕，从而产生防卫。）

清晰2："你的工作效率很高，如果你能专注学习一下如何应对客户，你可以进一步提升效率。"（上级说明了自己的动机是希望下属精益求精。）

困惑3："今年公司效益不佳，我只能给你加薪5%。"（上级试图说出实情，但下属认为这只是委婉地被告知工作表现不佳，从而失去斗志。）

清晰3："你去年的整体表现非常出色，我希望我能够给予你更多物质奖励。但公司整体业绩不景气，因此调薪幅度最高为5%。"（上级非常具体地评价了下属工作表现在团队内的位置。）

在提供反馈中的一大问题是人们很自然地不愿意给出负面评价，因为批评会令人产生防卫心理或不快。更为严重的是，接受反馈者往往会否认批评或置之不理，于是给予反馈者所付出的种种努力也都付诸东流了。因此，反馈中第五个风险点就是：

（5）因为害怕麻烦，不敢说出负面反馈。

顾问必须学习并向经理传授这种解决方案，在需要给出负面评价时，必须用清晰、具体的例子代替模糊的概括。我们能够接受在特定情况下对特定行为的批评，但是往往很难容忍他人对自己个性特质或品行的指责。在前一种情况下，我们可以将错误归因为情境，并学习如何避免错误行为的再次发生。在后一种情况中，因为涉及自我形象和自尊，而我们基本很难改变自身性格，所以将抗拒或否认对自己的指责。

从另一个维度来说，如果负面反馈能够聚焦于反馈给予者和接收者共同目睹的某些具体行为，则给予者可以表达出对该行为的感受并对该行为做出评价，而接收者可以避免直接成为指责对象。换句话说，如果我对某人感到不满，对他来说会成为一个问题，但如果我只是因为某人的具体行为感到不满，他就可以从我的反馈中得到一些启发，从而有可能做出改善。接下来是一些如何给予负面反馈的示例。

笼统指责1："我们需要更多的高层管理者，而迄今为止你的表现让我怀疑你是否想或有能力成为其中一员。"

指向特定行为1："每次你加入一个团队，就希望成为队长的角色，就像在XYZ委员会时那样，我认为这是你进入高管层的一个问题。当你加入ABC小组之后，你非常恪尽职守，但你让自由讨论变成了针锋相对的辩论赛。每次当我看到你那样否定他人，我就会非常恼火，开始怀疑你能否改变这种行为，以便日后能够进入高管层发展。"

笼统指责2："你实在缺乏主动性，就这个工作而言，你进取心不足。"

指向特定行为2："在过去一年中发生的事情令我对你有些担心，在ABC这个项目我们遇到阻碍时，你有些听之任之而没有提出解决问题和推进项目的建议。当其他部门对你提出质疑时，你退缩了，而没有信心十足地向他们展示为什么你坚信你们的方案是正确的。我在其他的项目中，也发现了类似的情况，因此我会有些担心你在这些行为中表现出的主动性和进取心不足。"

在以上的示例中，给予者确实做出了评价性反馈，但这些评价都是基于特定行为，而非指向个人。因此，当目标和标准非常清晰且彼此达成共识时，类似这样的评价反馈是合理的。但如果共识并不存在，仅仅给出描述性反馈会更为稳妥。

在上述的各个示例中，具体化是最为关键的。评估越笼统，就越容易产生误解、抵触和否认，进而触发防御行为。因此下一个风险点就是：

（6）评估过于笼统或指向个人，而不是描述特定的情境和行为。

上述给出的许多示例也都提及了特定性。尤其具有破坏性的是，将情绪和判断指向了某个整体目标。

问题："上次销售谈判完全被你搞砸了。我们成功在望，你却横插一脚，让客户退缩了。"

建议："在上次销售谈判时，你提出了XYZ问题，我想这造成了问题。我们本来已经接近成功，但你的意见发表之后，客户似乎因为这些意见而改变了想法。"（注重于对方的行为，反馈者表达出自己的想法但没有做出绝对判断，从而缓和了评价的语气。）

如果希望下属从反馈中有所学习，必须要以某种方式将该反馈与接收人关联起来。如果距离事件发生的时间过长，接收人可能已经忘记了该事件，从而有可能否认；而如果反馈过于笼统，接受方可能并不知道反馈的指向。当我们解决特定指向性之后，还需要解决反馈时机的问题。因此下一个风险点就是：

（7）错误的反馈时机。

正确的时机包括两个部分。其一是在特定事件发生之后，反馈要足够及时，以便于给予者和接受者都能清楚地记得事件内容。然而，更为重要的是，接收者必须做好准备接受反馈。如果给予者贸然提出，接收者可能处于忙碌、紧张或防御状态中。但如果由接收人决定反馈的时间，他将更好地从心理上做好聆听的准备。因此关注到这个问题的反馈给予者应该创造一种情境——接收者可以主动决定何时开始反馈对话。如上级可以告知下属希望在接下来的几天中进行绩效探讨，但允许下属来选择时间。

最后一点是反馈应该聚焦于可塑性行为，以便接收者可以根据反馈有所行动。另外，如果某人的个性特点使他无法达到其希冀的目标，反馈者应该告知他这一点而不是放任他继续幻想或抱有不切实际的希望。

以过程咨询的方式进行反馈管理

在结束本章时，我们可以发现过程咨询顾问在对个人或团队进行干预时，所做的大部分工作都是对反馈过程进行管理。顾问进行观察从而提供反馈信息；通过提问将客户的关注点引导到客户行为及其结果；在他所给出的建议中隐含了对客户情境的评估（给出的建议即是顾问所暗示的最佳选择）。

因此，过程咨询顾问必须对评估人际行为并给予反馈的心理动态过程有深刻理解。实际上，顾问的这部分能力也是他们最需要传授给客户的重要技能之一，客户可以据此来改善其所在组织的管理。

第九章

组间过程

组织过程中最为重要但研究甚少的一个部分是组织内团队之间的关系研究。团队是否在组织中形成已经不再是问题。大量研究显示，团队会按照正式部门结构、地域划分以及完成工作过程的人际互动关系来开展工作。众所周知，团队会制定出规范，团队成员会遵循规范并忠诚于团队，而不同团队的目标有时会相互交叠。

团队文化不仅会随着团队成长逐渐积累，更大领域诸如社会、行业、社群和组织的文化也会对团队文化的形成产生影响，并在一定程度上决定了团队之间的关系。因此，在以自由市场竞争为准则的资本主义经济企业中，组织内的各个团队呈现出相互竞争的关系也就不足为奇了。

同样不足为奇的还有大多数管理理论通过提升员工士气来提高生产效率，进而进一步鼓励这种竞争。管理者总是会向我询问：如何在部门和团队之间建立相同的衡量标准并奖励优胜者，从而在组织内引入更多竞争元素？长期以来，这一直是激励个人的有效工具，尤其是在销售部门。因此，管理者不免希望将类似工具应用到组间场景中。

但相对不太为人所知的是，团队之间的竞争无论是长期还是短期后果都可能会降低组织绩效。一方面，尽管竞争可以提升动力，也有利于改善解决方案，但并非所有管理者都认可竞争。在急于取胜的过程中，也许团队会降低质量要求。在某些团队，譬如独立区域的销售部门，可以采用建设性的竞争方式。但如果切换到制造部门和销售部门，因为存在依存关系，让他们彼此竞争就会出现明显的问题。

认知组间过程

理解这一领域的一大难点是关键过程相对不可见。如果工程部门与生产部门关系很差，生产线上的工人也许就没有动力来纠正他们在图纸中所发现的错误。麦格雷戈曾经描绘过这样的画面：领班站在生产线的尽头，看着装配完成的卡车离开生产线，一边擦着烟斗，一边微笑着说："哦，它要走了。哦，它还会回来的……"

不良的产品显而易见，但生产工人是否缺乏意愿（来纠正他们所看到的质量瑕疵）则很难观察到。是否做某事的决定只在他一念之间。同样，在胜负相争的竞争环境下，给予错误信息或隐瞒信息这些典型行为也很难观察到，尽管我们强烈怀疑其一定是存在的。

过程咨询顾问可以使用下列多种技术来学习和干预组间过程：

（1）了解本团队成员对另一团队中的成员们的感受，并询问他们如何将这些感受转化为外在行为。

（2）在两个团队都出席的会议或场景中进行观察，评估沟通的开放程度、合作精神等。

（3）使用理论工具推演两个团队之间可能发生的事件，并在特定场景中观察来校验理论。如果关系良好，他可能就此总结这两个团队之间会彼此同情和相互帮助。而当不相符的事件发生时，他可以通过观察发生了什么来检查错误的地方。

（4）评估和处理组间过程的最后一种更复杂的方法是安排某种形式的组间练习。罗伯特·布莱克（Robert Blake）和简·莫顿（Jane Mouton）开发了一种模型，包含以下步骤：

①每个团队分别各自描述对本团队和另一团队的印象。

②通过双方代表将这些印象传递给另一个团队。现在每个团队都听到了一些关于彼此如何认知的新数据。在代表讲述的过程中，每个小组无论听到什么内容，也只能先默默聆听。

③接下来的步骤并不是做出反应，而是团队内部举行会议，讨论彼此团队的哪些行为可能导致对方建立了所描述中的印象。这会迫使该团队站到对方团队的立场，设身处地地思考对方基于何种行为假设得出结论。

④两个团队分享行为假设并进行讨论。只有在此环节中，才允许两个团队之间可以相互交流。

⑤在最后阶段，两个团队需要共同努力，通过计划如何在后期的相互交流中做出改变，从而使自我形象与对方团队所持有的形象之间缩小差距。

这个过程将两个团队的人员带到了共同的任务中，通过探索为什么存在观念差异，从而减少了每个团队所面临的竞争任务，不管是试图超越其他团队，还是在组织其他人或更高层领导眼中表现出色。

对于高层领导而言，了解组间过程极为重要，因为他经常要面临鼓励竞争、相互协作还是完全独立的不同选择。因为最常见的趋势是选择竞争模式，所以过程咨询顾问必须在胜负引发的结果出现之前就弄清竞争模式的一些可能后果。通过实验室理论模拟和现场实践已经能够得出一些结论，可以可靠地预测两个团队在竞争模式下的运作结果。

竞争模式从决策制定之前，到展开竞争，再到某个团队获胜，各种情况都可以在模拟中研究得出。无论何种任务被交付给团队，似乎都会发生下文所述的结果。

竞争早期阶段的各个团队

（1）各个团队的内部联系更加紧密，让团队成员忠诚度进一步提升；团队成员之间保持紧密联系，会掩盖内部的一些分歧。

（2）团队氛围从松散、休闲、娱乐转向工作和任务导向；对团队成员的心理需求关注度减少，对任务完成的关注度提升。

（3）领导方式从较为民主转向较为专制；组织对专制领导的容忍度有所提升。

（4）各个团队变得更有组织和结构化。

（5）各个团队要求成员的忠诚度和服从性更高，从而表现出坚实的战斗阵线。

竞争团队之间的故事

（1）每个团队都会将其他团队视为敌手，而不是中立的对象。

（2）每个团队会开始经历感知的扭曲：倾向于放大自身的优势，否认自身弱点，同时倾向于感知其他团队的薄弱环节，否认其优势。最终可能会对其他团队形成一个负面的刻板印象（他们采用了不公平的方式）。

（3）对其他团队的敌意增强，而与其沟通和互动减少。因此，愈发难以扭转感知层面的扭曲，对对方的负面刻板影响愈加深刻。

（4）如果硬性要求各个团队之间进行互动，每个团队可能会更加仔细地听取自己团队代表的意见，而不是聆听另一团队代表的发言，只会在其发言中"挑毛病"。换言之，团队成员会倾向于听取支持他们既有立场和刻板印象的内容。

在竞争决出胜负之后，团队又各自会是什么表现呢？

胜者的表现

（1）胜者将持续保持凝聚力，甚至凝聚力会变得更强。

（2）胜者倾向于释放压力，变得自满、随性和贪玩，从而失去战斗力（富足和饱餐的状态）。

（3）胜者会更加关注团队内部的高度合作，关注成员的需求，对工作和任务完成的关注程度则会降低。

（4）胜者往往沾沾自喜，认为通过获胜证实了自己的正面形象同时否定了敌对团队的负面刻板印象。对于重新评估看法或重新检查团队运作从而学习如何改善的动机不足，因此获胜者对自身的了解并不充分。

负者的表现

（1）如果结局并不明确，而且有一定程度的解释空间（例如胜负裁决是由可能存有偏见的裁判裁定，或是结果非常接近），负者会有很强的趋势否认或扭曲失败的现实。相反，他们会从心理上寻找失败的借口，例如"裁判不公平""裁判并没有真正理解我们的解决方案""比赛规则没有给我们解释清楚""如果不是某个关键节点运气不好，我们就会赢"。总之，失败者的第一反应就是强调"我们并没有真正失败"。

（2）如果团队在心理层面可以承受失败，那么负者会倾向于寻找某个可以指责的人或事物，要找到"替罪羊"。如果无法指责任何局外因素，团队可能会在内部寻找谴责对象。分裂、爆发此前被掩盖的冲突、内部斗争，所有这些都是为了找到失败的原因。

（3）负者会更加紧张，愿意更加努力地工作，并且拼命寻找新的努力方向（瘦弱和饥饿的状态）。

（4）负者会降低对团队内合作、成员需求的关注度，而会更多关注在为了赢得下一场比赛而加倍努力获得回报上。

（5）负者倾向于作为团队学习和反思更多关于自身的知识，

因为失败打破了自己对自身正面形象和对手负面形象的认知，迫使团队对观念进行重新评估；因此，一旦负者接受了失败的现实，他们可能会进行重组从而变得更有凝聚力、更有效。

为了避免上述反应和感受，从一开始就不设置竞争性奖励制度，相较于执行后（出现问题）再撤销要容易得多。过程咨询顾问要通过数据引发管理者的关注，让他自己意识到看起来不错的激励系统可能会遇到某些陷阱。

例如，在 Apex 公司，有一段时间该团队正考虑应该如何构建内部管理机制。有人建议我简要撰写一份备忘录，概述采用竞争模式的投入和收益（参见附录 C），并将此作为聚焦讨论该问题的一种方式。该备忘录的主要作用就是巩固某些管理者的立场，他们对推行竞争模式心怀疑虑，但又希望为不推行竞争制度获得支持，毕竟探讨这个话题太容易激发争论。

如果此前制定了竞争性的管理决策，而目前无法发挥功效或具有破坏性，可能必须要尝试采取本章开篇所提到的那些补救措施。在 Apex 公司，当各条产品线出现内部竞争、与销售部门也变成竞争关系时，就出现了这种情况——各产品线根据本产品的销量获得奖励，而销售部门根据销售总量获得奖励。

因此，销售部门的工作重点分配不再根据产品线的营销计划和预算，而是选择销售部门最容易销售的产品。某些产品线因为得不到销售部门的重视,产品经理对销售部门怨声载道,而销售人员则认为产品部门过于专制和不合情理。

经过数年的内部争斗,区域销售经理和产品线经理之间的关系严重恶化,因此组织发展导向的人事负责人提议团队实施上述组间训练。我作为外部专家参与其中,分阶段管理过程并给予必要的理论培训,帮助团队更好地了解团队动态过程。整个活动持续了一天半时间。

在第一天上午,销售团队和产品团队完成了对自身形象定位和对方团队形象定位的认知梳理,并分享了这些内容。下午团队讨论了为何自己会给人留下如此印象,分析了各种行为假设。在第一天晚间,他们彼此分享了这些观点,并探讨了情况失控的原因,研讨直至深夜。在后期的总结中,团队将这个晚上的讨论会描述为"从系统中清除所有垃圾"。这是一个激动人心的夜晚,揭示了许多错误的假设和成见。相互分享让两个团队意识到他们目前彼此相处的方式既没有有效地服务于公司,也不能很好地为自己争取权益。

在第二天的上午,销售团队与产品团队讨论了如何在现有机制(高竞争,但具有破坏性)中加强协作来最大限度地发挥作用。团队规划了一些新的机制,如为需要在市场上特别关注的产品配备专门的销售力量;为产品经理设置预算审核机制,当他们发现产品在市场推广端被忽略时可以与销售部门有效协商；当销售人员迅速获取到客户对产品不感兴趣的原因时，可以调整产品线的营销方案等。

团队就召开季度会议达成共识，以审核新的协作流程，进一步清除系统障碍，为重新建立沟通与信任关系进一步设计架构。尽管需要举行季度会议来保持高度的信任与沟通，但新系统确实非常奏效。事实证明，消除前期竞争性危害比想象的要困难得多。

其他组织过程

除了我们已经提及的组织过程，过程咨询顾问通过观察管理行为还会见证其他各种类型的组织过程。例如，他可以发现会计、预算和日常管控领域的管理决策如何传递出组织中对下属信任／不信任的程度；管理者管理绩效评估计划和奖金计划的方式大量传递出他们的潜在假设，从而对组织产生了直接或长期的影响；职业发展计划的完成情况、培训或发展活动的执行情况、招聘与工作安置的政策等，都会对人们的感受、彼此关系和工作开展情况产生影响。

因篇幅所限，我们不会对每一个过程进行展开详述，就目前而言我要指出的是，顾问还必须关注其他许多过程，同时必须评估他是否在帮助组织变得更高效。我刻意聚焦在面对面关系中较为直接的过程，因为这些过程最容易被观测到，而且最有可能产生重要的行为改变。如果组织成员可以在其直接关系中改变其行为，这将不可避免地在组织层面产生更为深远的影响。更重要的是，如果管理者可以学习如何更好诊断组织过程，他们可以在顾问离场之后持续修正其管理行为。

结　语

在本章中我们对一些组间过程和整体组织过程进行了简要介绍；特别强调了在组织内设立竞争或协作机制的重要性；不仅指出了内部竞争的问题，还说明了在事后消除竞争影响比事前规避竞争要困难得多。过程咨询顾问必须在鼓励管理者深入思考组间关系方面发挥积极作用。

03

第三部分

过程咨询实践

到目前为止，我们已经了解了过程咨询顾问应该熟悉的主要过程问题，接下来可以将重点转移到咨询活动本身。典型咨询项目中包含哪些内容？过程咨询顾问又应该如何认知项目的不同阶段和各种问题？此处的项目（project）应该按照最宽泛的意义来理解，因为过程咨询是一项十分开放的活动，通常在合同、时间计划或项目定义方面都没有制式的规定。尽管如此，我们依然可以将表征过程咨询关系的步骤和阶段描述如下，从而进行分析：

（1）与客户组织初步联系；

（2）定义彼此关系；

（3）选择工作的方式方法；

（4）诊断干预与数据收集；

（5）对抗性干预；

（6）减少参与并退出。

这些阶段很难依据时间来界定，而是从逻辑上属于不同的阶段，顾问必须有所关注。许多时候，多个阶段（如2、3、4、5）会同时进行，期间会反复涉及对心理契约的谈判。为了描述得更加清晰，我会在接下来的章节中依次进行介绍。

第十章

建立联系与界定关系

与客户建立初步联系

最初的联系源于客户组织中的某人（联系客户）致电或写信给我，描述他在组织内遇到或感知到的某些问题。他们通常基于以下原因之一来向我咨询：

（1）他听过我的讲座，主题与他近期遇到的问题有些相关。

（2）他阅读过我撰写的书籍或论文。

（3）他曾经参加过我讲授的课程而与我结识。

（4）我的一位同事向他推荐了我。

（5）另一位客户或他所在组织中认识我的其他人向他推荐了我。

联系客户表明他所感知到的问题无法通过组织内的正常程序解决，或现有组织资源无法解决。

例如，在案例 A，即 Apex 制造公司中，联系客户是总裁下属的部门经理。该公司是一家大型制造企业，分为若干个部门。联系客户指出，由于最近的公司重组，高层管理人员存在沟通问题。因为公司希望在未来十年内快速增长，所以公司高层认为需要解决沟通问题，为快速发展做好准备。

在案例 B 中，Boyd 消费品公司的联系客户是人力资源部的人员，他与斯隆管理学院的其他教授有联系，此前已经对我有所了解。他希望寻找外部顾问帮助新任命的总裁管理该组织从传统管理技术向现代管理技术的过渡过程。

在案例 C 中，Central 化学公司是一家大型多事业部化学制造企业，其联系客户是麻省理工学院的一位教职员工，他此前一直与该公司合作，了解到公司管理层希望引入咨询顾问协助其完成几个部门的流程变革。他们最初阅读了我的老师道格拉斯·麦格雷戈的著作，也聆听了他的讲座，对此很感兴趣。他们已经在某个事业部建立了强有力的人力资源部门，并发起了许多有创意的内部变革项目。管理层认为与外部资源的持续接触对他们有所帮助。

在案例 D 中，Delta 制造公司是一家大型家用电器供应商，联系客户是该公司的人事负责人。他曾在某个事业部工作，帮助各个生产团队强化了人际协作能力和团队合作精神。当事业部总监对他此前工作产生兴趣时，他安排内部人员帮他寻找可以与该团队进行合作的外部顾问。

在大多数情况下，我在最初联系中并不能获取真正的问题，因此我只会同意在探索性会议上对问题做进一步讨论。如果我能够投入时间咨询，我会在不久之后举行此类会议。如果我无法抽出时间，我会询问是否可以延期，或是推荐其他可以提供帮助的人员。有些时候，我也会同意先进行一次探索，但约定如果有后续工作，可能需要延后安排或交由他人负责。

预测能否建立有效咨询关系的最重要标准之一就是我和联系客户之间形成的初始关系。我会对联系客户的开放程度、探索精神和沟通的真实性进行评估。例如，为了评估开放性，我会对我最初提出问题的回答进行评估。如果我建议举行一次探索性会议，我希望对方能够表达出确实愿意坐下来，并进行联合诊断的意愿。

如果求助者自己过于确信存在的问题，或是将我误认为其他领域的专家，又或是联系客户明显误解了基于组织心理学理论框架的顾问所能提供服务的内容，我连给出召开进一步会议的建议都会非常谨慎，以免浪费彼此的时间。而求助者如果只是希望快速解决表面问题，或是为自己已经执行的某些措施"买一份安心",那么我将无意继续。

如果不存在上述障碍,举行探索性会议会成为建立关系的第一步。但需要指出的是,即使顾问只是做出举行探索性会议的建议,甚至顾问在决策是否要召开此类会议时所询问的各种问题,都已经成为诊断性干预措施,将影响联系客户的想法和对其问题的思考方式。因此,我在决定所问问题时使用的准则会遵循能够对当下情况有所帮助的假设。我必将时刻践行我对建立有益关系的承诺。

这个理念还意味着过程咨询顾问不会在是否与客户签订长期协议上过于热衷。如果在初次探索性会议上提供了足够的帮助,不再需要更多进一步探讨,则对过程咨询而言这是有效的咨询。而商业顾问则不同,他们总是期望兜售出较长期服务的项目。过程咨询顾问必须没有销售压力,才能真正评估自己对于客户是否有帮助。他必须能够自若地拒绝那些无法从这种帮助中受益的客户。

可以看出,只有在组织中的某人接受了这一假设——"组织问题解决所伴随的关系与人际互动过程正是学习的重要目标"时,过程咨询模型才得以启动。因此,以过程咨询顾问身份进入组织的过程非常依赖于一个或多个内部人员同意对其内部过程进行仔细检查。内部人员通常对实际问题只有最模糊的认识,但他们能感到一切不尽如人意，因此邀请顾问进行观察和评论。这种态度背后的探询精神正是建立成功客户／顾问关系的核心特征。

探索性会议

谁来参加探索性会议、在哪里举行、持续多长时间、客户是否为此付费等内容都需要与联系客户共同确定。过程咨询的理念要求每项干预措施都必须由顾问和客户系统共同负责，因此过程咨询顾问的首要工作是建立解决问题的流程，从而能够对探索性会议的性质做出正确决策。

在与客户策划会议时，最重要的问题是"应该邀请谁参与"。如果由我来决定，那么我的选择标准是这样的：

（1）在组织中层级较高的员工，如果他的思维得到拓展，可以有效影响公司其他人；

（2）愿意邀请顾问来解决组织问题的员工；

（3）对待解决问题有所觉察的员工；

（4）对行为科学有所了解，在咨询过程中能保持积极活跃的员工。

在这些早期会议中，应该尽量避免让任何人怀有敌意、怀疑的态度，或对顾问提供的服务一无所知。如果一个或多个类似的员工出现在现场，要求我证明我能够为他们提供帮助，就会使我们的探讨主题产生偏移。我将被迫成为一名推销员（努力证明自己能够帮助对方），违反了帮助他人自助的过程咨询理念。从另一个角度来说，如果客户体系中参与会议的成员对协作模式非常感兴趣，我们就能够在后期通过设置会议和场景，建设性地化解反对意见和冲突。

探索性会议常常安排为一次长午餐或是半天的会议。因为协助过程实际上始于初次接触，所以我通常会向联系客户说明对此次会晤会收取费用。我所提出的诊断性问题、访谈问题的思考框架、对团队的观察和应对都会形成初始干预，而这些干预会在一定程度上影响客户对自身问题的认知。经过3～4小时探索，联系客户会对问题产生新视角和新洞察，而我也在此过程中投入了时间。

召开探索性会议的目的应该包括：

（1）更精准地定义问题所在；

（2）评估顾问的进一步参与是否对组织有所帮助；

（3）确认顾问（我）对这个问题的兴趣；

（4）如果上述问题（2）、（3）的答案都是肯定的，和客户共同制定接下来的行动步骤。

探索性会议并不限制参与人数，在此期间，我会提出一些探索性问题，旨在强化和突出所提问题的各个方面，以及测试联系客户开放和坦诚的程度。如果客户含糊其词，不愿意对组织给出批评意见，对自己的需求和顾问的定位不了解，我就会更加谨慎。如果认为建立良好关系的可能性很小，我就会建议终止合作关系。

例如，在案例 A 中，我与联系客户，也就是总裁的关键直接下属，进行了探索性会议。他直言不讳地提出了总裁在处理某些关键人物方面需要帮助的担忧，讲述了他对于总裁与关键下属沟通不畅的焦虑，并指出公司近况表明组织需要引入某些稳定要素。我询问他总裁是否知道他来寻求我的帮助、总裁对于聘请顾问的看法。联系客户表示总裁和其他主要管理人员都认为应该寻求合作，所有人都认为需要引进一些外部力量。

在案例 B 中，探索性会议较为例行公事，因为我在数月前在公司的管理发展会议上就与总裁有过会晤。会议由总裁、人力资源副总裁和我三人参与，非常迅速地进入了制定实际目标和确定工作环境的下一阶段。

在案例 C 中，我的推荐人，同样也是一位顾问充当了中间人，为我拜访公司设置了一系列妥当的目标。

在案例 D 中，探索性会议的形式是部门经理、内部顾问与我共进午餐。我们的目的是探讨部门经理是否与我一起解决问题，能否就咨询项目达成一些合理目标，在可能的情况下如何更好地推进实施。

在上述各情况中，探索性会议都取得了良好的效果。为了说明不利情况，我会列举案例 E：在 Etna 制造公司，联系客户是人力资源负责人，他致电邀请我与其团队骨干成员会面，以评估他们计划在整个公司范围内推动新的绩效评估计划。探索性会议持续了一天，在此期间，公司代表介绍了拟定的方案，我对其中一些不一致的观点提出了质疑，发现客户产生了明显的防卫心理。我们越深入探讨，就越发现客户仅仅关注他们既定的方案。从他对待质疑和询问的态度也可以看出，他不愿意修订方案的任何部分。他并不想接受任何评估，只是希望得到我的认可。因此当天结束时，我说明我仅能提出这些问题作为帮助，并终止了合作关系。

在探索性会议中，我会尽量保持开放和直接的态度。一方面这是对客户开放态度的测试，另一方面我将从一开始就明确定义自身的顾问角色。最重要的是我将不会扮演传统顾问的问题解决专家角色。相反，我会根据机会尝试直接干预组织过程。因为顾问从进入组织开始就构成了某种程度的干预，所以必须尽早说明这一点。如果我说我会在干预之前先研究问题，或是有可能不会形成干预，这是在自欺欺人。我必须让客户接受这样的想法，即干预是咨询过程各个阶段的基础，但干预的性质和程度取决于客户和我之间的共同诊断和共同决策。

如果我认为联系客户可以接受我作为组织过程的干预者，而且我与客户在探索性会议期间合作愉快，那么讨论通常会向建立心理契约的方向发展。

心理契约

契约通常包含两个方面：（1）咨询时间、服务内容、付款方式和金额等正式约定；（2）非正式心理契约，包括客户从协助关系中获取收益的显性或隐性期望、客户所要承担的义务、顾问在协助关系付出的显性或隐性期望、顾问所要承担的义务以及期望的收获。对客户和顾问而言，一旦对彼此意愿有所了解，双方就应该尽可能多地探讨契约的各个方面，这一点非常重要。当然，有时需要适当延后，待客户体验过过程咨询模型之后再继续进行。

在形式上，我有一个简单的基本原则。我会框定每月为客户服务的天数，设置单天／单个小时的收费标准。但我不希望客户组织按照制式合同将我束缚住，也不太愿意签订长期合作协议。我认为理想的状态是，一旦合作关系不尽如人意或无法奏效，任何一方都可以终止合作关系，这种可以随时终止的自由确保了协作关系的基础是获得实际价值，而不是单纯地履行合同义务。

从另一个角度来说，顾问和客户都应该按照双方约定给予项目足够多的投入时间。如果我每月只能抽出一天时间，而解决客户问题又需要投入更多时间，那么我从一开始就不应该同意建立合作关系。我会尝试对一个给定项目给出正常情况下的合理时间，并确定自身时间可用，才会接手这个项目。对客户来说，预计成本时需要注意，如果需要顾问投入更多天的时间，他应该准备好足够的资源来支付费用。除了与客户签订的咨询框架合同，我们并没有任何形式的正式文本协议。就按天计费标准达成一致之后，我会记录我每月投入的时间，然后将账单每月发给客户。

在心理方面，我会在协作关系中尽早评估客户有意或无意隐瞒的期望。除了希望解决所提出的问题，客户还可能希望顾问以其他方式来提供帮助，包括对下属进行评估，处理"问题员工"，指导如何处理具体管理问题，为客户决策提供支持，协助客户推广决策，担任沟通渠道和调节冲突，等等。顾问应该尽早尽可能多地了解客户的期望，以免后期在无法达到客户期望时成为陷阱或失望的导火索。同时，如果客户不希望透露某些动机，我能做的就是小心诊断、避免陷阱。

对我而言，我必须清楚地了解我对客户系统以及自己作为顾问的期望。例如，我希望进行访谈、探索问题并花费足够多的时间来了解现状，而不是草草了事；我希望在过程导向的咨询活动中得到客户支持，并希望团队成员能够成为共享诊断和其他干预措施的责任人。

我还必须明确说明我会做什么和不会做什么。例如，我必须充分说明以下观点：我所指的客户不仅是联系客户或高层管理者，还有与我一起工作的整个团队，即整个组织乃至更大的社群。因此，我不会支持任何可能对特定组织（如员工、顾客或供应商）造成伤害的决定，虽然我可能与他们从未谋面。

将整个团队或组织作为客户的概念是过程咨询模型最为棘手但也是最重要的考虑因素。从我过往项目中所观察到的其他一些顾问来看，我注意到他们中的许多人基本都会将客户系统中的最高级别管理者（通常是总裁）定义为主要客户，为其出谋划策，协助其推动和实施各种干预措施，即使这可能会对组织中的其他人员造成伤害。

相较之下，作为一名过程咨询顾问，我发现我可以赢得与我合作的所有关键方的信任，让他们任何人都不会认为我是在"兜售"谁的观点和决策。我发现在组织的多个级别层面都可以实现这样的目标。在案例 A 中，在与总裁及其六位核心下属共同工作数月之后，我成功做到了让所有人员都将我视为潜在有效的沟通渠道。他们真诚地邀请我将任何我认为值得向他们反馈的内容告知他们，主要是团队中其他成员的感受和反应。同时，他们和我在谈及团队其他人时也非常开放，因为他们知道我会很好地将他们的意见和反馈传递给他人。他们并不想让我将他们吐露的内容当作机密，无论对我还是彼此之间都有足够的信任度，因此他们都将我与团队其他人的联系视为一种额外的有效沟通渠道。

我对这个案例非常感兴趣，在我最初的认知中，我成为类似的信息传递渠道并不是理想的方式，也反映出团队成员彼此缺乏直接沟通的能力。因此，我采取了两个措施：其一，我努力训练他们直接表达自己的感受；其二，当我认为有助于实现他们的工作目标时，我会偶尔协助他们传递无法分享的信息和意见，从而直接干预他们的工作。

我可以举一个简单而关键的示例来说明我的想法。

皮特和乔在某种程度上是竞争对手，因此他们很少相互交流。皮特完成了一项研究并撰写报告，以供整个团队讨论。在提交报告的前三天，我到访公司并在皮特的办公室和他进行了交流，我询问报告的进展情况。皮特回复说一切进展顺利，但他坦率地表示乔没有找他拿取与乔工作相关的备份数据。皮特对此表示很困惑，他认为这是乔对他不够尊重的表现。

一小时之后，我遇到了乔，并向他提出了报告的问题（我之所以单方面介入是因为我认为这样做可能会有所帮助)。乔正忙于准备会议,但对于皮特所说可用的备份数据他不置可否。他确定地表示这些都是保密数据。虽然他非常希望得到这些数据,但确信皮特绝不会提供给他。

我告知了他关于皮特愿意分享信息的消息,他对此大为震惊。他当天晚些时候就去找了皮特,皮特热烈欢迎了他,并提供了乔希望获得的三份数据。我仔细评估过向乔透露皮特的想法会否伤害到皮特或乔,我判断潜在收益应该很明显大于风险(因此我这么做了)。

回到为客户设定恰当的期望,我必须明确指出,我不会成为客户解决人际关系问题的专家资源,但我将通过提供备选方案,并帮助客户思考不同方案可能后果的方式来帮助客户解决这些问题。我还需要强调我的期望,我将主要通过观察实际行动来收集信息,而不是通过访谈或调查问卷的方式(除非非常明确访谈某些特定人群是正确的)。最后,我还要明确指出,当我在会议中进行观察时,我不会非常活跃,我只会在我认为对于团队完成任务很有帮助时才会发表意见或给予反馈。

事实上,我不太活跃对大多数团队来说是一个问题。在客户的期望中,一旦他们聘请了顾问,他们就有权坐下来,倾听顾问的调查报告。而让顾问随团队枯坐几小时只给出寥寥片语,不仅与这个期望相悖，同时还会让顾问对所观察的事物产生焦虑。因此在项目初期，我越能让团队相信我没有在收集具有潜在破坏性的个人信息，之后的观察就会越加顺畅。

结　语

任何咨询都是从与顾问建立联系的联系客户开始。他们会和我共同制定接下来的步骤，通常这是一次探索性会议，会邀请客户组织的相关人员参加。在探索性会议上，人们会阐述共同的期望。

与联系客户及其相关同事进行的早期探索，旨在建立明确的心理契约，以对未来的咨询给出指导。正如我已经指出的，我认为除了费用和约定初步时间协议，不应该有其他正式的协议。双方都应该能够随时自由变更或终止合作。在心理契约层面，最重要的是澄清诸多误解，同时让客户尽可能了解我的目标和工作方式。

第十一章

场景设置与工作方法

在探索性会议（或在之后的会议）中需要解决的最后问题包括设置工作环境、制定工作进度表、说明工作方法、设定工作目标等。这些决定至关重要，因为这些内容正暗示了顾问将与之直接链接的客户系统。

场景设置

我会给予一系列通用标准来制定有关场景设置的决策：

（1）应当与客户共同确定选择观察的时机和内容。过程咨询顾问不应以心理学家的形象徘徊在组织中，仅仅对引起自身关注的事物进行观察。相反，顾问应该参与到重点问题的集中观察和反馈过程中。这里所说的重点问题也就是，顾问与客户都认为应该对其解决过程进行调查分析，进而能有所改进的问题。

如果顾问需要转换观察的对象，他必须邀请被观察对象参与进来，并与他们建立类似的心理契约。因为客户系统的参与者本身就是过程干预的目标，所以必须让他们参与到决策中尝试学习。如果缺乏这种心理契约，那么最好的情况下顾问只是对牛弹琴，更有甚者会引发内部的真实不满和矛盾。

（2）应该尽可能让客户系统更高层次的人员参与到项目中。 这么做的原因有二：第一，层级越高的人员，在其日常工作中越有可能观察了解到组织的基本规范、价值观和组织目标。他们奠定了组织的基调，并最终确定了让组织有效运转的标准。如果顾问不能置身于这个层级，他将无法获悉这些组织的最终准则、目标和标准，履行顾问职责也就成为空谈。

只有顾问认可组织的规范、目标和标准，他才能够帮助组织来践行这些准则。如果顾问认为组织的目标违反基本道德或是出于某些原因个人无法接受，他可以尝试改变组织目标或者选择终止合作关系，但他必须做出抉择。

第二，参与者层次越高，变革带来的回报也就越大。如果顾问可以帮助总裁了解更多关于组织过程的知识并相应地改变其行为，这种改变可以有效支持其直接下属，进而产生逐级影响的作用。通俗来说，顾问应该找到对于组织最具影响力的场景或群体来施加影响，通常就是最高管理层。

（3）场景选择设置应该易于观察问题解决、人际互动、团队互动等过程。场景通常会安排为每周或每月的员工例会，或是一些能够观察到关键团队两名以上团队成员互动的定期活动。顾问不仅要观察单个成员与自己的互动过程，更重要的是观察团队成员之间的互动过程。因此，无论调研问卷还是访谈都只是权宜之计，顾问最终必须要能够进入团队成员日常交流的场景中。

（4）应该选取实际工作中的某一场景。顾问应该避免与团队成员最初会晤只是沟通团队彼此之间的人际关系这种情况。在顾问与团队建立信任关系之后，类似的会议是妥当的，但目前还为时过早。团队目前和顾问并没有建立足够的信任来真正进行人际关系的公开讨论，并且顾问尚未获得足够的观察数据协助团队进行如此讨论。因此，顾问定期参与到例会或工作会议中是很好的选择，在此期间顾问不仅可以了解到团队成员更加自然真实的表现，而且可以了解团队所关注的任务重点。这不但便于顾问在后期将观察结果和实际工作行为更轻易地联系起来，让团队成员将过程观察与工作时间相关联，而且可以提升他们产生真正改变的可能性。

以上标准通常难以完全满足，但它们可以作为重要指导原则。如果在共同确定场景设置的过程中与联系客户共享这些标准，顾问就可以通过教授客户规划变革过程的内容来开始施加干预。

工作方法

所选择的工作方法应该尽可能与过程咨询的价值理念保持一致。因此最好采用观察、非正式访谈或团队讨论的方式，向团队说明顾问并没有现成的答案或标准的专家解决方案，同时也表明顾问欢迎最大限度的问询和互动沟通。

如果顾问采用问卷调查的方式，被访谈者就无法对顾问有所了解。一旦顾问蒙上"神秘面纱"，就无法被调研对象所真正信任，也就不会给出真实的信息。因此所选择的工作方法应该让顾问最大程度"可见"，并最大限度地进行互动。

我通常会选择访谈作为咨询项目的开始，但访谈的目的并不是收集数据，而是与之后要观察的每一个人建立关系。访谈的目的只是将我想要向他人学习的想法最大限度地展示给对方。只有在客户组织对我有足够了解和信任、能够给出直接和真实的结果时才会使用调查问卷。

在 Apex 制造公司中，探索性会议安排在一次执委会例会中。我在会议时与总裁和其他核心管理者会面，深入探讨进一步工作的内容和目标。在会议中，我对"局外人"帮助组织和团队提升效率的想法产生了浓厚的兴趣。与此同时，我还发现团队希望建立开放的关系。因此，我竭尽所能介绍了过程咨询模型，并建议对执委会的每一位成员进行个人访谈，从而更好地认知团队和成员。我还建议我继续参加执委会每周半天的例会，并在参与几次例会之后开始访谈。

在初期的探索性会议中，我观察到了很多关键细节。譬如总裁不拘小节，但十分强势；在我最初的印象中（这一点在后期也得到了印证），所有执委会成员与总裁之间的关系是关键问题，而团队成员彼此之间的关系则相对不那么重要；总裁非常自信，只要看到我的价值就会允许我参与（到执委会例会中），但如果我的存在不再产生价值，他也会毫不犹豫地终止与我的合作。

总裁的管理风格也给我留下了深刻印象，他认为不需要接受我的单独访谈，他对于身处团队情境下与我沟通的方式感到很满意。在首次会议快要结束时，我邀请他进行了一次一对一对话，以确定彼此对正在订立的心理契约有所了解。而我发现在这种一对一关系中，他出乎意料地感到不自在，没有太多想要分享给我的内容，对我提出的人际互动的观点也兴致寥寥。一对一对话的目的是测试总裁对过程咨询中针对其个人行为反馈的接受度。他表示他对此接受但毫不在意。在我后期对他有更多了解之后，我意识到他的反应折射出他对于自身权力和地位的强烈意识。他认为对自己非常了解，并不需要其他人的反馈。

在 Boyd 消费品公司，我基本以同样的方式展开了咨询工作。在与总裁的探索性会议中，我问他是否定期与直接下属举行例会。他告诉我说他们有周例会，并同意我参加。在例会中，总裁向团队介绍了我的身份，说明了邀请我参加会议是帮助团队更有效地运作，同时也请我对自身角色定位进行了解释。我描述了过程咨询模型和我的期望，解释我并不会特别积极发言，希望团队能够像往常一样举行会议，我只会在需要的时候提供帮助和评论。我们约定在我参与若干次例会之后，将分别对团队的每个成员进行访谈。

Boyd 团队的氛围较为正式，大多数时候是总裁在主持会议，团队成员参与较少，我对团队成员之间的感受也较为模糊。

在 Central 化学公司，模式则完全不同。因为路途遥远，我约定在几个月之后花一周时间提供服务。项目的协调人（一位内部顾问）此前已经与我的一位同事进行了沟通，对过程咨询模型非常了解，也确定了如何最好地发挥我的作用。他们建议以研讨会形式举行，主题是帮助业务经理提升对于变革项目的诊断和执行能力。在我们沟通确认之后，我就开始与同事一起设计了这一周的项目安排。我们决定不提前锁定计划方案，而在我最终抵达研讨会会议室之前都可以进行调整。但我们做出了一项关键决定，只邀请那些有兴趣改变其工作现状的管理者参加，同时要求其下属负责人事职能的一名同事与管理者一并参会，以便团队能够关注变革问题。

几个月后，当我到达 Central 化学公司时，我与联系客户内部顾问、他的上司人事总监以及对此项目感兴趣的人事部门成员进行了会面。我们一起审视了研讨会目标和日程安排，决定保持方案灵活性，随着对变革目标的深入了解而适当调整，并决定由内部顾问和我一起实施该计划。研讨会的地址设在公司的培训中心。团队全体成员（共 18 人）每天集中进行研讨。

在 Delta 公司，模式几乎与 Apex 和 Boyd 公司相同。事业部总监与我共进午餐，完成了探索性会议。他希望将他的直接下属团队打造成高效团队，能够有效克服该事业部快速发展中的阶段性困难。他每周举行管理例会，并邀请我定期参加。和其他情况一样，我安排在数次例会之后对团队成员进行单独访谈。

为了说明另一种场景设置和工作方法，我们可以看一下 Fairview 公司的例子。早在几年之前，该公司培训部门的一些员工就接触到了敏感性训练这个项目，之后又将其引入作为中高层管理者的发展项目，并在分析组织过程方面积累了大量的经验。组织中的许多成员都开始意识到，该组织的一项关键挑战就是总部和各个外地分支机构之间的矛盾，包括决策权下放的程度、权限下放后在系统中有效展现的程度以及权责范围。

该组织在总部设置了拥有较大权限的职能总监。当他们制订财务和市场计划时，往往试图绕过执行副总裁和区域管理者，而直接与各个区域的财务人员和营销人员进行对接（从而招致了不满）。

总部培训部门获悉，公司核心管理团队，包括总部职能部门和各区域管理者共计15人将举行年度会议。因此，培训部门的一位成员致电我，询问能否让我参与到年会中，帮助整个组织解决问题。培训部门并不确定总裁或副总裁对于引进外部顾问的看法，因为该组织此前从未外聘过顾问。但许多区域管理者此前参加敏感性训练项目时，或多或少地提及了引进外部行为导向咨询顾问。因此，培训部门认为组织类似的研讨会势在必行。

我与培训总监、两位培训主管和一位积极参与的区域经理组成的核心小组进行了一整天的探索性会议，规划下一步策略。为了确保会议的效果，我们决定要让大多数最终参会的人员也参与到会议的规划和设计中来。该步骤至关重要，也完全符合过程咨询模型的基本假设。我们组建了一个由相同数量总部职能经理和区域经理组成的策划团队，他们花两天时间规划了整个会议，随后将策划方案提交给总裁与副总裁审批。

在这两次会议中，我作为顾问的角色至关重要。在为期两天的策划阶段，我引导他们放弃了由我进行培训讲座的传统形式，而是由我将总部与区域之间的各个问题展现出来，供他们讨论。与此同时，我需要确保所选择的会议方式取得成功，并确定自己在会议期间发挥作用的角色。

两天规划形成的会议规划包括如下内容：

（1）为期三天的会议主题是对整个组织顶层设计的探索，旨在有效改善组织关系。

（2）由我主持会议，而非公司总裁。

（3）会议议程将按照理查德·贝克哈德设定的程序执行。他要求与会的15名成员提前撰写一封信件，概述其所认为组织面临的最主要问题。而我的工作就是梳理信件信息，整理出最为核心的问题与主题。这些内容将在三天的会议中逐一进行讨论，形成三天的议程。

按照这种方式撰写信件的首要目的是为每位与会者提供畅所欲言的机会，从而避免直面上司或同僚可能的愤怒；其次，这样的方式能让我在会议开始之前有机会收集并了解所有成员提供的信息；再次，每位与会者都参与到了议程的制定过程中，与此前副总裁独自制定议程的方式大不相同。由此可以预见，所有成员从一开始就将投入地参与到会议中。

当然，这种方式也难免存在问题：第一，个人在撰写信件时难免对问题有所夸大；第二，我们也很难预知与会者的态度，他们会将组织中的关键问题直言不讳地告知一位素未谋面的教授吗？最终我们还是决定采用这种方式，为了降低反馈不佳的风险，我们邀请策划小组成员与他们相熟的与会者进行沟通，呼吁他们开诚布公地进行准备。

当我们就会议方案达成共识后，提交给了总裁与副总裁。他们对此极为支持，因此形成了最终的会议议程。我特别向总裁与副总裁指出，他们在会议中要谨言慎行，一旦他们太快恢复到他们惯常的正式权威，而忽略帮助团队诊断组织问题，团队就会退缩而保持沉默，而问题将无法得到解决。最终他们对这种会议的形式表示认同和理解，了解潜在风险并勇于承担。

准备就绪之后，团队决定由副总裁发送会议通知，向与会者解说会议形式并邀请他们撰写诊断信件。策划团队的成员负责跟进，确保每位与会者对议程充分了解，并意识到此次会议的内容和议程都源于他们自身。

这个看似漫长的过程让与会者参与到面向过程的会议中至关

重要。虽然最初的构想源于我和培训部门，但无论总部还是地区的管理者都为之所吸引。如果不是他们的鼎力参与，成功举行这样的研讨会也就无从谈起。

结　语

　　场景设置与工作方法的选择弹性很大。最重要的是必须由联系客户与顾问共同进行决策。所做出的任何决策也必须和过程咨询模型的一般性假设保持一致，否则任何变革结果都将无以为继。

第十二章

诊断性干预

当顾问参与组织会议、观察日常工作、访谈组织人员，或以其他方式融入成为组织活动的一部分时，他所从事的一系列活动，我们可以将其概念化为两种干预措施：诊断性干预和对抗性干预。在本章中，我会分析诊断性干预的含义。在接下来的两章中，我将介绍对抗性干预的概念。

通过诊断性干预收集信息

顾问的任何决策，无论观察事物、提出问题，还是与人会晤等，都构成了对正在进行的组织过程的干预。因此，顾问无法规避因信息收集而对组织产生影响的责任。如果信息收集方法与顾问自身价值观不符，或干预方式不能为客户组织所接受，就不应使用。

值得注意的是，所有传统的咨询模型，包括组织研究模型的假设都流于表面，即通过观察、访谈和调研收集数据，然后做出诊断，最后提出干预或补救措施。

从过程咨询角度来看，这种假设并不准确，而且风险极大。之所以说是不准确的，是因为过往研究已经清晰验证了研究过程会对被研究对象产生影响。如果我对组织中的某人进行访谈，我所提出的问题会促使被访谈者进行新的思考，在回答过程中形成一些他可能从未想到过的观点。

这种假设还会引发风险，因为在接受访谈、调研的组织成员可能会借助此次机会，团结起来并自行推动一些他们希冀的行动。在顾问分析所获数据的同时，组织内的人们可能正致力于推动使其上级措手不及的变革或提案。

因此，正确的假设是什么？其又包含哪些内容？正确的假设是过程咨询顾问的任何行为，甚至是最初与组织达成合作的意向，都会对组织形成干预。无论是客户寻求协助，还是顾问帮助组织中的某些人员承担协助责任，都会改变组织中成员的看法和态度。

顾问不能忽视这些改变，他必须预见改变，并学会推动它们向着预定的目标前进。

在这样的假设下，顾问必须考虑自身对组织可能产生的影响，认真反思自己的所有行为。他必须假设自己的任何行为都是某种形式的干预。最后，他所选用的信息收集方法也必须成为高效、有益的干预措施。

信息收集方法

一般来说，顾问可以使用三种方式收集信息：

（1）直接观察；

（2）个人或团队访谈；

（3）填写调研问卷或其他调查工具。

我已经表明第三种方式缺少人际互动，且与过程咨询模型的假设差异过大，无法在过程咨询项目的早期阶段使用。只有在需要调研的人员数量极多，且与顾问协作的管理人员对调研内容及意义充分了解的前提下，该种方式才可能是有效的。

因此对于早期信息收集，只能采用直接观察或访谈方式。以我的经验来看，将这两种方式加以结合是最为有效的。我需要进行一定的观察，才能了解在访谈中应该提出哪些问题；我也需要进行一些初步访谈，才能更好地了解观察的对象与主题。

我通常会采取自上而下的策略。首先，我会从联系客户处获得信息。探索性会议往往就是在小组访谈情境下收集信息的机会。如前文示例，接下来我通常会对参与项目的一位或多位高层人员进行访谈。在得到他们允许之后，我才能近距离观察他们与团队的互动。通常只有在我参与过一到两次团队会议之后，才会对团队的普通成员进行访谈。而在团队会议中，我需要观察到团队工作的重点以及存在的问题。

在与组织中某些关键团队建立联系后，可能会衍生出新环境下的新研究课题，但在新环境中收集信息的方式本质上并没有什么区别。例如，某位团队管理者希望了解自己团队中成员对组织和工作环境的看法。他可能会和我一起规划对其下属进行一系列访谈，以及参与随之而来的一系列反馈会议。当然，只有在该管理者获得下属的支持和允许，同时团队成员对我产生信任之后，访谈才会启动。如果我不便与全体成员见面或参与他们的团队会议，则管理者需要花费更多精力来劝说下属接受访谈。同样，只有在下属真正同意之后，访谈才会开始。

在类似的场景中，确定信息收集方式的重要原则就是采用这种方式的管理者必须在前期参与到项目中。如果管理者在前期接受了我的访谈，也听取了我的反馈意见，那么他将对这种信息收集方式能否在他的团队奏效更有把握，而且他在向下属解释访谈的内容和意义等方面时也将更为得心应手。

仅凭抽象概念无法选择信息收集方式，某种方式能否奏效完全取决于早期观察和访谈实践。从某种意义上来说，过程咨询项目应该被视为一系列连续不断的事件，后续事件只能通过前期结果进行预测。可以按照通用方式进行项目规划，但随着项目推进，新问题会层出不穷，另外随着早期干预措施的实施也会产生新的行为，因此项目结果很难预测，对核心要点也很难进行规划。

至于访谈调研的内容，在本书第二部分中，我介绍了顾问在观察行动时的关注重点——组织与人际关系过程。顾问应该对此类内容非常敏感，自始至终留意关注，然而直接向客户询问此类内容往往收效甚微。访谈调研的指导思想应该是呈现问题并设定咨询目标。

例如，在 Apex 制造公司，我最初的任务是帮助该团队与总裁建立良好关系。在与团队成员的访谈中，我非常关注彼此互动中促进和妨碍关系的行为、与总裁的关系问题如何关系到工作绩效、团队成员认知关系改善的体现点等。因此，我并没有制订严格的访谈计划，而是通过非正式沟通，与每一位团队成员就上述问题进行了探讨。

在 Boyd 和 Central 公司，我更加关注每位团队成员工作重点是什么、在完成工作时需要与谁合作、合作关系中促进或阻碍有效工作绩效的组织因素、公司的氛围等。

在 Delta 制造公司，我直到研讨会前夜才开始收集信息，并在研讨会上持续获取信息。而在 Fairview 公司，我通过收集信件得到了书面信息——我邀请每位与会者写下他所看到的总部职能部门与各个区域业务中心之间的全部问题。

虽然在这些过程中提出的具体问题各不相同，但收集信息的主题范围是一致的，都是关于组织关系和组织过程的感知内容。另一个共同关注点是组织有效性。我始终在探询哪些因素提升了个人、团队和组织的效率，而哪些因素削弱和妨碍了组织有效性。我的假设是任何组织内都必然存在这两类因素。

干预方式

在确定了我希望通过访谈获取的内容范围之后，我想对干预风格或者说顾问应该如何展现自我做一些阐述。譬如，在访谈过程中，我提出问题的方式和所问内容会给对方留下不同的印象。如果我希望与被访谈者建立通力协作关系，则这意味着我不能以心理学家的形象出现在对方面前——向对方提出一些晦涩难懂的问题，然后故弄玄虚地进行解释。

问题的内容应该是显而易见的。如果我关注提升组织效率，就应该提出效率方面的问题；如果我关注改进，除了询问那些存在的问题，我还需要了解做得很好的标杆。

如果顾问提出的问题高度相关，同时被访谈者对这些问题并不反感，这些问题将帮助被访谈者开拓新的视角。例如，在此前提及的案例中，我都会提出一些探索性问题，诸如决定引入顾问的缘由、团队成员对引进顾问的态度、团队成员眼中顾问的特殊权限、外聘顾问引发的紧张情绪等。正如我前文所提到的，如果联系客户不愿意在早期沟通中认真研讨这些内容，那么我在决定参与项目时会更加谨慎。而一旦进入组织，我会将被访谈者拒绝涉及谈论这些领域视为他们的警告，届时我将决策是否尝试找到对方提出警告的原因。

提出的新问题也会给被访谈者输入新理念。例如，我常常会询问组织成员在团队中的职业规划。对方的答案往往是"从未考虑"。然而在访谈结束之后，被访谈者可能会冒出一些念头："为什么从来没人坐下来和我聊聊我的职业规划？""也许我应该找机会和上级聊聊我在公司的未来。"又如我在访谈时会邀请对方描述其完成工作所需要涉及的人际关系网络，对方有可能第一次意识到这些"人际网络"的存在，从而警醒自己为何在工作方面常常受阻。换言之，访谈可以成为施加影响力和输入培训的强有力工具，过程咨询顾问需要思考"何时""如何"使用这些工具有效达成施加影响力的目的。

如果我预判被访谈者可能存在防御心理，或是可能做出迎合我的回答，我可能会选择询问了解一些过往历史和客观事实，从而避免因为询问观点或价值取向的问题而被误导。

结　语

信息收集方法有三种：观察、访谈和问卷调查。无论采取何种方式，对组织而言都是一种干预，因此顾问必须选择一种与过程咨询理念和过程咨询项目目标最为一致的方法。顾问收集信息的方式和所提出的问题可以为其提供建设性干预的机会。在下一章中，我将继续探讨其他类型的干预措施，充分揭示可供顾问选择的选项。

第十三章

通过对抗性干预影响过程：议程管理

用对抗性干预改变过程

正如前文所言，我们无法将收集诊断信息与干预完全区分为不同的阶段。二者同时发生：当我们开始收集信息时就形成了干预，而我们所选择的不同干预方式也会激发不同反应，从而形成新的信息。因此，将这二者严格区分基本只能停留在概念或理论框架层面。在第十二章中，我重点介绍了旨在获取诊断信息的干预措施。在本章和下一章中，我将重点介绍对抗性干预措施，即顾问刻意通过某些行为来改变组织过程的干预方式。

这些过程咨询顾问可能使用的干预措施难以严格分类，但我们可以将其宽泛地归类如下：

第一类：议程管理干预措施

（1）直接询问相关过程问题；

（2）定期的过程分析；

（3）处理过程问题的专题会议；

（4）与过程相关主题的知识输入。

第二类：反馈观察信息

（1）在过程分析会议或在日常工作中向团队进行反馈；

（2）在会议观察或信息收集之后，与团队成员进行一对一反馈。

第三类：向个人或团队提供指导或咨询

第四类：提供结构性建议

（1）团队成员相关建议；

（2）沟通与互动模式相关建议；

（3）任务分配、责权分配相关建议。

我是根据使用此类干预措施的可能性依次递减而列出上述措施的。换句话说，我最有可能采用的干预措施是对团队议程进行干预，而最不可能采用的是提出结构性建议的干预方式。我也没有列出对具体管理问题的实际解决方案，因为在我看来，这并不是过程咨询模型下的有效干预措施。如果我将关注重点转移到特定的销售、市场营销或生产制造问题，那么我的角色会从过程咨询顾问转变为专家。而一旦我成为客户的专家资源，我也就无法发挥过程咨询顾问的作用。

议程管理干预措施

过程导向问询与定期过程分析

这种干预的核心目的是让团队对自身内部过程敏感，并对分析这些过程产生兴趣。在项目的早期阶段，我常常会建议在某个团队会议结束前留出 15 分钟时间来对会议进行审视。我可能提出的建议点包括团队的参与度、沟通方式是否清晰、团队资源是否最大化发挥等。如果团队愿意，我会邀请他们填写会后反馈表（见表 4-3），并给出他们的反馈数据以供进一步讨论。

如果他们愿意投入时间进行过程分析，无论时间长短，我都会通过提问将他们的注意力转到过程问题上来进一步激发他们的兴趣。此外，我还会留意观察会议期间的重要特定事件。

例如，在某些会议中，我会发现会议主席匆忙做出决策，而没有得到团队的应承。在过程审视阶段，我可能会提出问题：关于决策制定的方式，大家有何感想？当然，我不会直接给出自己的答案。第一，我的感受可能无关紧要或不具备代表性；第二，我希望团队通过学习收集信息，得出自己的结论。如果团队一再要求，我也会给出我的观察或按照我的感觉来回答，但通常情况下，我都会倾向于将发言权给予团队。

除了过程分析，还会有两个可能导致我进行进一步干预的问题。第一个问题，团队有时会对自身形成议程或实施议程的方式感到不满。在这一点上，我有很多建议方法，团队可以通过这些方法来评估如何选择议题内容、各个议题所需要耗费的时间、如何按照重要性或问题类型对议题进行排序和分类等。

另一个问题与人际关系相关，团队对自身工作方式越感兴趣，就会花费越多的时间讨论这个问题，而留给其他常规议程的时间也就相应越少。为了解决这个问题，我通常建议为团队需要讨论的各个议题分配固定时长的讨论时间，用于深入探讨该议题。

处理过程问题的专题会议

此类会议通常安排在办公室之外的酒店或其他地点，以便让团队能够暂时脱离当前工作，安心探讨该问题。在没有确信团队已经准备好进行大量过程分析之前，我通常不建议举行此类会议。以我所了解的情况，我的同事在为企业组织提供帮助的过程中最常见的错误之一，就是在项目伊始就建议举行一次会议来探讨关系和人际问题。事实上，在没有直接获悉团队成员对该会议提出需求，并对可能出现的问题做好心理准备之前，此类会议绝不应该举行！

知识输入

议程管理干预措施的最后一种方式是输入有关个人、团队和管理过程的理论知识。至于输入的时机和具体内容，并没有固定的模式，我下面举例来清晰说明如何使用此类干预措施。

在 Apex 制造公司，我发现财务人员给业务经理财务信息的方式有些像无意识的威胁，始终让业务经理感到不适。财务人员认为每个人都需要他提供的信息，他希望提供帮助。但这一过程看起来往往像是对个别经理的指控：某某经理成本过高，某某经理库存管理失控，某某经理预算超支，等等。而且这些信息往往直到经营会议过程中才被首次披露，而业务经理没有任何思想准备，也根本没有时间找到出现问题的原因。因此彼此往往会陷入"数字是否准确"的争论，最后不了了之。不仅业务经理对此深恶痛绝，总裁也甚为不满，因为业务经理无法与财务人员更好地协同工作。

当我留意到这一过程在数周时间内反复出现时，我意识到单单让团队注意到这一现象并不能真正解决问题，因为从每个人的立场出发都持有建设性意图。该团队需要的是从另一个角度思考财务的管控数据。因此，我撰写了一份关于控制系统的备忘录（详见附录 A），分发给团队每个人。而当后期会议再遇到此类问题探讨时，因为我已经为团队补充了相关知识信息，所以我能够更好地观察和了解团队情况。我的体会是每次探讨到这个问题都十分激烈，我无法在会上传递这些知识信息；另外团队成员都非常活跃，热衷于讨论问题细节，我很难通过培训将这些知识传达完整。

在与 Apex 团队合作时，我发现提供书面的理论知识备忘录是一种高效便捷的沟通方式。与其他团队合作时，也可以使用不同的模式。例如，当团队安排半天时间探讨团队过程时，我可以在中间或结尾插入半小时，介绍一些我认为相关的理论知识。我并不会事先准备讲授主题，而是根据在团队中观察到的特定问题而定。因此我必须具备在短时间内就各种问题提供知识输入的能力。

知识输入的最后一种方式是在选定时间内向团队提供相关文献的复印文档。通常我能够就团队正从事的工作推荐一些理论文献。如果建议采用分发文献的方式，我也会尝试说服该团队安排时间进行文献阅读。

选择知识输入的关键标准是，该理论必须与团队已经意识到的问题相关联。如果团队自身无所体会，那么无论提供多么精深的理论工具也无济于事。另一方面，如果团队在运作过程中遇到了问题，他们研究和学习一般理论的准备度之高往往会出乎我的意料。

议程管理干预策略对于读者而言可能颇为低调和平淡。但令我惊讶的是，团队往往会在简单的议程管理问题上陷入僵局。从某种程度上说，如果团队无法确定合适的会议议程，并以建设性方式讨论议程，那么说明他们必定还有一些尚未明确的问题存在。如果团队可以有效处理议程，则通常会为其他过程研讨打开大门。我可以举出一些事例。

案　例

在 Apex 制造公司，我受邀参加每周一次的执委会会议，会议参与人包括总裁及其直接下属。几次之后，我很快意识到该团队的运作方式非常松散：与会人可以随意发言，对于问题挖掘非常深入，公开应对冲突，团队成员可以随时贡献力量。

这种氛围看似具有建设性，但给团队带来了极大的困扰。无论讨论什么议题，团队都无法形成决议。积压的项目越来越多，与此相应，团队成员的挫败感也日益加剧。该团队希望通过加班来改善局面，他们安排了更多的会议，希望在每次会议上解决更多问题，但收效甚微。因此，关于团队效率低下、会议过多的抱怨越来越频繁。

该团队目前显然处于超负荷工作状态，但不知道如何应对这种情况。他们的会议议程太满，试图在会议上处理过多的议题；与此同时，议程将可以快速决策的运营分析类问题和需要花费时间详细探讨的政策制定类问题混在一起，团队完全没有意识到这两类问题需要分开。我向该团队提出建议，应该探讨如何制定会议议程来减少持续超负荷运转的情况。经过半个小时的沟通讨论，该建议被采纳了。然后，在我的帮助下，团队决定将会议议题分为几类，将业务问题研讨会议与政策研讨会议区分开来。运营会议用于处理业务问题，更为快捷紧凑；政策问题则不同，需要更加深入地研讨。

一旦团队做出了区分，并明确了不同会议需要发挥的不同作用，团队决定每月举行一次全天会议。在这一天中，他们将选择一到两个"大"主题，进行深入探讨。另外，团队还接受了我的建议，将此类会议的会议地点从忙碌的办公室挪到了公司外部，以便研讨更加自如，不被工作琐事打断。

通过重新安排会议议程，该团队成功地重新调整了运作模式。这还导致了我的角色被重新定位。总裁决定我应该逐步减少参加运营周会，而将更多精力放到每月一次的全天会议中。他会留出时间听我讲解推荐的相关理论，并听取我对会议过程的分析。此前他并不愿意花费时间用于过程工作，现在却欣然接受。

每月一天的研讨会极大地改变了团队的氛围。一方面，在休息和用餐时与其他成员建立非正式的紧密关系比较容易。因为时间足够，成员们可以真正解决冲突而不必悬而未决。在我的印象中，随着彼此更加熟识，大家对团队的信任度显著提高。团队成员开始自如地彼此分享更多的个人感受。而这种自如的感觉让每个人都更加放松，减少个人防卫心理，反馈出更多准确信息。人们也不再需要防御性地扭曲或保留信息。

大约一年之后，团队很自然地决定尝试更多更直接的对抗性反馈。在一次月度全天会议中，总裁宣布，他认为每个团队成员应该告诉其他成员对方的优势和缺点。他请我协助他设计此类讨论的模式。我首先问团队成员，他们是否确实想尝试这种对抗性反馈。在得到真诚的回应之后，我们决定继续前行。

基于我此前对团队成员的观察，我留意到，当团队其他人对某位成员进行反馈评论时，该成员有极大的倾向锁定对方的第一条评论并马上进行回复，因此很难建立深度的反馈。为了解决这一问题，我建议的机制是团队每次只讨论一个人，并规定被反馈的成员在所有成员都提供反馈之前，不得发表意见或回应。这样一来，可以保证他持续倾听。当基本规则确认被大家所接受之后，我承担起了监督员的职责，确保过程按照预期顺利进行。

在接下来的数个小时中，团队对每位成员（包括总裁）的管理风格和人际互动风格进行了详细的探索和分析。我鼓励成员说出他们在每一位身上看到的积极和消极之处。在要求成员们给出具体而聚焦的意见方面，我也发挥了关键作用。我要求提供示例，坚持澄清问题，并提出了从听众视角试图理解反馈时可能想到的问题。我还基于观察到的该成员行为表现提出了自己的反馈。

起初，无论是给予反馈或倾听反馈都颇为不易，但是随着时间的推移，效率越来越高，当天结束练习时就获得了很好的反馈。而通过几个月的实施，对抗性反馈练习最后大获成功，不仅加深了团队成员彼此关系，将一些长期问题显现出来，还为每位成员的自我发展提供了很多思考的空间。应当指出，在围绕工作主题组织了数次月度会议之后，该团队自行提出了对抗性反馈的需求。但我并不确定如果此类会议过早举行，团队成员是否仍然可以有效地应对反馈任务，尽管其实可能在此前更早时间，我已经意识到举行此类会议的必要。

在 Apex 公司的案例中，我的干预帮助团队从混乱的会议状态转变为差异化、有组织的会议模式。最后该团队在会议上花费的时间确实较以前更多，但他们对此并不在意，因为会议的产出和效率得到了有效提升。该团队还先学会了如何对自身团队的议程进行管理和改进。

在 Boyd 消费品公司中，也存在类似的情况，但学习的方向有所不同。在会议中，我发现执委会仅仅关注会议流程和琐事细节，议程详细而冗长，会议高度正式，团队成员负责按照精心准备好的月度工作总结向团队汇报各种运营问题。如果有人试图对汇报发表评论，他很快就会被提醒最好闭嘴（因为关于该主题汇报人比他了解得更为详尽）。因此会议期间的绝大多数陈述都是照本宣科、言语攻击或防卫，几乎没有任何开放式的问题解决。大多数团队成员看起来（并表现出）被动而无聊。在接受访谈时，他们也承认他们在会议中有这样的感觉，然而令人惊讶的是，他们都不希望对这种情形进行改变。

我自己的感觉是团队成员陷入了"惯性"。他们自始至终一直如此开会，他们认为无聊和缺乏互动是与会者的"常态"。那些对此感到沮丧或试图改变的人也不知道应该采取何种方式让会议产生更多参与，更加富有成效。因此人们普遍对此漠不关心，听之任之，颓废沮丧。

我花费几个月的时间，尝试了一系列的干预措施，但就我自己看来，大多数措施都没有成功。首先，我邀请团队审视会议过程并分享对会议的看法。一部分成员表达出他们对此感到沮丧，然而却依旧坚定地捍卫着会议模式。其次，我试图帮助团队将政策问题和运营问题区分开来。因为在我看来，每次他们尝试讨论政策问题时，都会将运营事务掺杂进来并耗费大量时间。同时我感觉该团队用于政策问题探讨的时间十分有限。该团队虽然嘴上对我的建议表示认同，但没有任何实质性动作，因此其运作方式也始终没有改变。再次，我试图让团队成员正视我所观察到的冷漠和挫败感，团队成员接受了我的质询，在为自己辩解几句之后，他们接受了我的意见并告诉我非常有帮助，然后继续按照此前的模式讨论会议。

直到几个月后，我们才取得了一些突破性进展。公司总裁参加了敏感性训练项目，他在回到公司之后，对团队过程研究投入了极大的热情。他意识到该团队可以提升效率，而且认为有必要这么做。因此总裁和我一起探讨了团队的议程和运作方式。与此同时，公司进行了重组，将解决许多日常运营问题的职责明确指定给几位关键责任人。为了让重组更加顺利，执委会决定不再花费太多会议时间用于汇报和展示每位成员的工作内容。

然而当团队再次召集会议探讨公司发展前景时，我留意到此前团队中的某些沮丧情绪依然存在。在经历大约 20 分钟的例行讨论之后，我以十分生气的语气指出，"我从未见过这个团队产生任何乐趣！我们真的需要思考如何让会议变得充满乐趣，让人们愿意前来参会！"我的评论令大家哄堂大笑，仿佛团队内部的某些心防被打开了。这个团队实际就是做出了工作一定毫无乐趣的假设，然后再默默吞下亲手种植的苦果。

一旦我"捅破了窗户纸"，团队成员就一致同意可以让会议变得更为有趣。在随后的讨论中，团队成员探讨得出了"更好的会议"的几个关键诉求：团队成员分享个人想法、方案或问题时，大家必须给予更高的接受度，使其感觉不会受到攻击；更加专注于共享信息和问题，尽量减少在团队内制定决策；通过更好的议程控制来更有效地利用会议时间。

该团队花费数小时探讨了其未来的运作模式。更为重要的是，团队同意在每次会议结束前都使用过程分析工具来审视会议是否达成了目标；每次将推选一名团队成员担任过程记录员，在会议结束时对团队给予反馈。这项决定非常好，让团队成员有机会对观察团队过程进行实践。此后不久，我因为一些限制不再能够继续参与执委会会议，但后期我找机会与总裁碰了面，谈及该团队的发展，他表示会议模式明显改善，会议气氛更加开放，而且过程观察者角色对于团队监控自身职能非常有帮助。

这个案例很好地诠释了干预过程中辗转反复的过程。在其过程中，我并没有办法预测为改变团队氛围所做的各项措施哪一项能够真正奏效。诚然，如果没有外部变化，如公司重组或总裁参与敏感性训练项目，也许我的任何努力都无法奏效。仅仅帮助团队意识到过程的问题并不会自动引发改变，即使团队士气低落并且知道应该改变也是如此，正如这个案例所见。

结　语

议程管理干预措施是对抗性干预措施的一种，其目的是对团队的过程施加有针对性的影响。这种干预措施是对抗性的，因为它们迫使客户关注那些无法回避的过程问题。每个人都会亲历干预的重点事件。团队可能会做出防御性反应，也可能会忽视干预。但一旦给予关注，至少能够增强对于该问题的意识和认知。

我会强调此类干预措施的对抗性，即使这些问题无足轻重。因为干预措施是基于顾问观察到的事件，所以不可避免地会引发人们对于既有事件的关注。因此过程咨询顾问必须注意此类干预措施的实施时机和表述措辞。在诊断性干预中，顾问提出令人尴尬的问题还可以推说是对组织情况不了解。但在相关会议中对某些彼此既知的事件提出疑问的影响要大得多，因为团队意识到顾问已经获悉了这些信息。

相对而言，议程管理干预措施属于轻度对抗性措施，因为它们仅仅引起了人们对某些事件的关注，顾问所反馈分享的观察和评估结果也只是冰山一角。在下一章中，我们将着重讨论顾问的此类反馈。

第十四章

对抗性干预：反馈

基于所见所知给予反馈

有两种情况需要顾问给予反馈干预。情况一：某个团队同意举行会议讨论人际关系，并同意顾问事先了解团队成员的个人反应和感受，然后将调研结果的反馈作为研讨会议的开幕议程。情况二：某个团队已经学会了如何研讨人际互动过程，并且需要使用更多个人反馈来丰富过程讨论。第十三章中 Apex 公司的高管在顾问帮助下给予相互反馈，就是后一种情况的极好示例。

在两种情况下，都需要顾问做好反馈的准备，并且顾问需要与客户达成共识，即对于观察和访谈结果的反馈应该是双方协商达成一致的决定。能将自己对某些有趣问题的观察所得第一时间分享给团队，对于过程咨询顾问来说无疑是极大诱惑。但如果要与过程咨询模型保持一致，顾问必须抵制住这种诱惑，避免让团队立刻处于防御状态，或因为向团队成员吐露了某些无关紧要或令人不满的内容导致失去了自己的中立身份。核心问题不在于顾问的观察是否有效，而在于团队是否有能力和意愿从观察结果中反思和学习。因此，必须先建立这种能力并做好准备状态，反馈才能够奏效。

第一种干预措施是反馈访谈个体成员后的整理信息，这是一种帮助团队了解其运作过程的有效方式。前文所提到的 Fairview 公司案例就采用了这种方式。通过让团队成员写信给我，告知我他们所感知到的主要组织问题等信息，从而能让我构建议程，让团队能够尽最大可能地直面个体所面临的重要问题。在团队的首次会议中，我展示了我基于邮件梳理的主要问题类别，并引用其中一位或多位成员的描述来说明每个问题。因此团队得到了有效反馈，但作为信息来源的个体其隐私得到了保护。

在为期三天的讨论中，我注意到，随着团队成员彼此越来越自如，他们也越来越有能力提出自己的观点，也能够开诚布公地对待自己的各种问题，将我作为信息输入的依赖也越来越少。如果团队高层对于所提出的问题都给予惩罚性反馈，团队无疑会对问题讳莫如深，而对于个人的启发也就越少。好在公司高层十分开明，乐于倾听问题，并能够建设性地开展工作。

在 Apex 公司的某个部门，我经历了不同的过程。在通过几次团队会议结识高层管理者团队之后，我建议对副总裁以下级别的中层管理者进行访谈并提供反馈。高层团队有所顾虑，他们认为该层级可能会存在一些士气问题。他们最初要求我进行一次访谈调研，然后向高层团队汇报。我拒绝了这个提议，因为这明显与过程咨询模型理念不符：收集数据汇报给更高层级的做法违反了过程咨询模型假设——对于中层管理者的过程分析居然没有将数据来源，也就是中层管理者纳入其间。取而代之，我建议我按照过程咨询的基本规则进行访谈，即我所有的访谈结论都应该先与受访者团队沟通，我只会将他们认为应该汇报给更高层级的内容上报给高层。①

该中层团队首先应该对工作项目进行分类，确定他们可以自行处理的事务，以及应该上报给高层的事务（因为需要更高的管理权限）。反馈的真正价值在于让最初提供数据的团队进行反思，通过研究所提出的问题，确定他们可以对此做些什么。

我的建议得到了高层管理者的审批，一位副总裁给所有需要参加访谈的人员发送了备忘录，告知他们访谈的程序、对问题改

---

① 将这一程序作为一种方法首次引入我的视野得益于理查德·贝克哈德。

进的承诺，并希望他们能够积极参与到访谈计划中。我随后与每位参与者进行了一对一访谈。在每次访谈中，我都会最先阐述访谈想法的由来，向受访者承诺他的回答完全是保密的；我告知对方我会按照部门来汇总数据，并在提交整理报告前先与他讨论沟通，然后再提交给公司高层。

在访谈中，我邀请每个人描述了他的工作内容，自己在工作中的主要优点和劣势，以及与其他团队的关系，并请他针对某些特定主题谈谈个人感受，诸如挑战、自主权、上级监督、办公设施、薪酬和福利等。之后我撰写一份报告总结了访谈内容，并强调了我所发现的普遍问题。

随后，我邀请所有受访者参加团队会议，在会议上，我将报告分发给大家，并解释说明此次会议的目的就是检查信息，根据访谈者需要进行删减或细化说明，同时界定中层管理者团队需要解决的问题。我们逐项查看了报告，并允许对任何问题进行讨论。

团队会议向受访者最为有效系统地展示了团队在人际互动和团队事务方面存在的问题。对于其中的许多人而言，他们原本以为许多问题只是个人抱怨，结果发现是可以有效解决的组织问题。原本将所有问题都抛给高层管理者的想法和态度也发生了有效转变，他们将问题划分为团队内问题、团队间问题和需要高层管理者解决的问题。

受访者不仅对组织心理学有了更多的认知了解，对参与信息收集本身这个过程也给出了积极的回应。因为这意味着高层对中层管理者以及对解决组织问题的关注。在我尝试相同方法的各个团队中，这种反应是较为典型的。

团队会议之后，我将修订完成的总结报告提交给了公司高层：在某些团队中，需要分别发送；在另一些团队中，可以集体发送。我个人的建议是分别发送给各个高层，以便争取更多机会来解释报告中的要点，之后再进行团队讨论，研讨访谈所得数据所揭示的意义。当报告涉及被访谈对象的直接上级时，我通常会使用个人报告来进行补充，我会在个人报告中摘录被访谈者对上级管理风格的优缺点评价。这些具有针对性的反馈往往都被证明对管理者意义重大，当然，我只会在上级领导提出对此类反馈需求的情况下才会提供。

基于访谈内容对个人或团队进行反馈时，我的职责是确保团队能够理解数据，并促进团队接受数据，以便能够有效地实施各种改进措施。访谈活动会使被访谈者建立高层管理者做出某些改进的期望，但如果仅仅阅读而不采取任何行动，就很有可能挫伤被访谈者的积极性。另外，过程咨询顾问的工作就是确保高层管理者理解访谈结束后采取动作的必要性，并在项目之初就做出承诺。如果管理层只是希望获得问题信息但不愿意针对该问题做出任何动作，顾问就不应该实施访谈。管理层如果对获悉的信息不满，可能会采取压制措施，这种方式风险巨大，会对被访谈者的积极性产生巨大打击。

访谈（或问卷）的结果并不需要超出团队所关注的范围。团队提升自身能力最简单、最有效的工作就是请顾问对所有成员进行一对一访谈，然后向整个团队报告其成员的想法和感受。如果团队成员担心顾问所收集的数据具有破坏性，或基于此类数据的绩效分析会得出对其不利的结论，那么用这种方式可以有效展示关键数据而不必担心暴露个人信息的风险。

个体反馈

我们已经在第八章详细介绍了如何提供反馈。但在反馈给个体的情况下，我们还需要就过程咨询顾问何时以及如何反馈给客户做一些说明。在以下两种情况下，顾问对于个体的反馈是恰当的干预措施：（1）已经通过访谈或直接观察收集了该人员的相关信息；（2）该人员表示愿意听取此类反馈。

在访谈多名下属之后，顾问可以发现下属的评价有可能会反映出上级的某些行为偏好。如果上级事先同意倾听他人反馈，则顾问向其解释评价的范围并帮助其理解相关评论是合适的。如果顾问认为管理者乐于倾听和学习，则顾问向管理者分享观察结果是完全妥当的。

为了使反馈更加有效，顾问必须能够提出正确的问题，观察相关行为事件，并以有助于接收者学习的方式给出反馈。顾问询问或观察的行为必须与团队的任务绩效及整个咨询项目的目标相关。顾问选择反馈方式时必须敏感地关注接收者的盲区或防御区域。反馈必须是具体的、描述性的、可以验证的、及时的和特定的。

顾问必须对防御措施或过于轻率的口头认同有所准备，因为这二者都意味着对方拒绝接收反馈。顾问必须知道如何传递潜在的威胁性信息而不损害接收者的颜面。当我回顾我自己的咨询经历时，最为惨痛的毫无疑问是那些我执意反馈"事实"而对接收者的感受漠不关心的经历，最终这些"事实"都被对方否认，而我自己则被礼貌而坚决地终止了合作关系。

我将用几个案例来说明个体反馈的各种情况。在 Apex 制造公司，我访谈了每一位副总裁的下属团队，并为副总裁罗列了下属对他们各自管理风格的评价。我对每位副总裁都非常了解，认为他们能够接受下属给出的各种评价。每次我们都安排了至少一个小时的会议，因此我们可以对任何含糊或负面评论进行详细探讨。

这些讨论往往会成为指导会议，帮助个体克服反馈数据中所包含的一些负面评价。我事先了解自己在后期会参与到此类会议中，因此在访谈中我会敦促每位访谈者对其上级的管理风格进行详细说明，并说明对此是否满意。在很多情况下，如果上级是一位高效管理者，下级会倾向于只做出一些含糊的概括，而这对于反馈帮助不大。只有对特定的事件或场景进行探究，才能确定该上级是否受到下属的欢迎。

在 Delta 制造公司，我受部门经理邀请参加定期的管理者会议，进行观察和评论。此外，我还定期与部门经理探讨，就我观察到的他的各种行为发表评论。他为会议制定了详尽具体的目标，作为会议主席也密切关注对这些目标的达成情况。他在会议结束时会要求与会者提供反馈，同时也希望我提出意见。

在 Central 化学公司举办的工作坊，我主要关注与我合作的培训师，他是 Central 公司员工，但他希望学习如何实施此类工作坊。每次工作坊会议之后，我都会对他在会议中的情况给予反馈，顺便我也会征求他对我参与的反馈。随着我们不断就观察内容给予回馈，反馈过程对我们彼此都变得更有意义。

通常，我都会毫不犹豫地要求客户组织的成员对我作为顾问的行为做出反馈。尽管他们在合作初期一般不愿意这么做，但我发现，随着我们彼此了解深入，他们会很乐于告诉我对他们或其他人所实施措施有效与否的情况。在一对一情况下对我给予反馈确实是一项重要技能，当然，需要将其转变为与权威人士更开放、更直接进行交流的能力。给我提供反馈的能力同时也是"顾问依赖性"这一问题是否有效解决的衡量指标。

结　语

旨在影响过程的对抗性干预可以按照过程顾问向个人还是团队提供反馈，以及是否在顾问设定的帮助过程中相互给予反馈，从而进行分类。顾问在决定是否给予此类反馈，或是何时参与此类反馈过程时，最重要的考虑因素是团队和个人是否做好了应对反馈的准备，以及客户在制定反馈决策中的参与程度。即使顾问已经观察到了极具学习潜力的事件，但若其单方面决定提供反馈则依然鲜有成功。

第十五章
指导、咨询和结构性建议

对抗性干预的最后两类是指导/咨询和结构性建议。如前文所述，与其他干预措施相比，这两类干预应用较少，但这两类干预措施原则上更为有效。因此重中之重是让客户来决定是否使用此类干预措施，若是顾问单方面决定使用，则他需要格外关注客户是否为此做好了充分准备。

指导或咨询

向个人或群体提供反馈几乎毫无例外地会导致指导或咨询内

容。管理者可能获悉他由于某些原因与团队的某些成员沟通不足，或是没有对下属的良好表现给予足够认可，或是当下属需要帮助时没有给予协助。不可避免地，他的下一个问题必然是："我该如何改变自我的行为从而获得更好的结果？"同样，当某个团队了解到其成员认为会议无聊乏味或缺少成果，成员们也不免会发问："我们如何使会议更加有趣和富有成效呢？"

在顾问回答上述问题时，必须牢记两个最重要的原则：

（1）在确定团队（个人）对反馈真正理解，并能将其与具体的、可观察到的行为关联起来之前，不要做出回答。

（2）在确定团队成员（管理者）已经积极尝试自己解决问题之前，不要做出回答。

如果顾问对第（1）点有所疑虑，他应该继续追问，例如："该评论对您而言意味着什么？""您能想到您所做的行为会给人留下印象吗？""您认为评论提供者试图向您传达什么信息？"

如果顾问对第（2）点有所疑虑，他可以追问，例如："从您自身的行为来看，有什么可以改变的吗？""您会尝试哪些不同的做法来获得不同的回应？""您真的希望改变自己的行为吗？"

如果顾问得到的是类似"我付费请您给出建议"之类的反馈，他必须重新评估协助关系以及接收者接受反馈改善问题的准备度。如果接收者真诚希望得到反馈并且理解了反馈内容，那么他很可能会提出想法与顾问分享。然后顾问的角色会转变为帮助客户思考更多备选方案，并帮助客户分析既有各种方案的投入产出比。

因篇幅所限，我不会在此讨论咨询的理论和实践，但我希望强调过程咨询理论与一般咨询理论的基本一致性。无论基于何种理论，都必须帮助客户提升其观察和处理自身信息的能力，帮助他接受反馈并从中学习，帮助他与协助者／顾问一起积极参与界定和解决自身问题。

在与我合作的所有公司都会出现许多为个人或团队提供指导／咨询的机会，并没有什么特别的时机。当他们准备审视自身某些行为并考虑有所改进时，我就会和他们一起坐下来。

普通顾问与过程咨询顾问的主要区别在于，我的信息收集方式会为我提供许多普通顾问通常不具备的信息和观点。我会观察客户的日常工作，倾听别人如何评价。当我获得这些额外的信息后，在与客户的咨询会议中我可以提出更多的备选方案，同时也会从中发现更多问题，从而能够进行进一步探讨。

例如，我与某位管理者探讨了数个小时，他认为自己在一个相对保守的组织中是非常开明的人。然而无论是我的观察还是他人的评价，都表明他的行为相当保守。虽然他思想很开明，但他的具体行为令人深感沉闷。当我们基于我的观察内容和他人评论来审视其自我形象时，我们的面对面沟通变得极为有效。当这位管理者意识到他行为中的保守主义时，他才会发现确实禁锢了自己的一些先进想法。这种认知会引发一些明显的行为改变，从而让他更加富有成效。

我将团队的注意力转向特定过程问题所用的干预措施，与我称之为指导/咨询的干预措施，二者之间有一定的相似之处。指导或咨询干预措施最常见的介入机会就是当特定事件发生，出现了团队试图克服的某些典型问题。这时，顾问最有效的做法就是通过说明所发生的事件并邀请团队成员检查结果，加之提供及时反馈，从而帮助该团队有效提升效率。

案　例

我举出的第一个案例既说明了反馈的问题，也说明其如何导致咨询。在某家公司的执委会会议中，我注意到该团队对其中一位担任市场经理的成员似乎缺乏信心。这种不信任感体现在其他成员对他视而不见、与他争吵以及在会议之外诋毁他。每次该成员试图在会议中解释其行动、决策或计划时，都会有其他激进的成员打断他，要么替他回答别人的问题，要么详细解释本应由他解说的内容。

团队似乎认为这个人软弱无能，然后通过阻挠他做事来证明这一点。我决定在某次明显行为（就在市场经理提出问题被忽略或被打断之时）出现时进行干预，我告知团队我已经反复观察到了这个现象（正面反馈）。

之后，团队希望了解市场经理是否确实感到被打断。他表达了强烈的感情，证实了我的观察。而一旦其他成员知道了他的感受，他们便开始更加专注地倾听他的声音。而当他们这么做时，他们发现市场经理可以做出很多贡献，与他们之前所认知的"软弱无能""头脑不清"判若两人。于是团队成员开始更加信任他的决定，也更加乐于授权给他。

在会议之后，会议主席和市场经理都要求私下与我会面。主席希望我就如何更好召开会议向他提出建议，避免再次发生这种情况。而在之后每次会议结束，主席都会请我向他提供反馈。

而市场经理则询问我如何变得更加自信，如何不被激进成员打断而显得默默无闻。针对这两种情况，我会在正式会议之后举行一个短会，为每位管理者提供咨询服务（而且咨询的议程是由管理者们自行商定的）。

在另一个团队中，难点源自团队负责人与成员互动的方式。团队负责人希望成员成为坚强、自立、自信的决策者。他明确地提出了这一点，在他的行为中也有所暗示。然而，我反复观察到，一旦任何团队成员表现出任何"软弱"，无论是不知道负责人的想法、计划不明确,还是无法回答其他成员提出的关键问题,团队负责人都会勃然大怒,然后持续羞辱该成员很长时间。负责人对该成员施压越大,该成员就愈加沉默、难为情、不知所措。

在后期与团队成员的沟通中,我时常发现,团队成员对于负责人的唯一感受就是他的"无名之火"。成员们始终处于防卫状态,根本听不到负责人对他们的要求。每次经历类似谈话,我发现自己都规劝团队成员要关注愤怒之外的感受。例如,我想了解负责人是否因为事情失控而感到焦虑,从而表现为愤怒。我敦促团队成员设法让负责人安心,而不是为自己辩护。

在会议中,我也曾几次尝试中断会议,从被羞辱者和其他团队成员处了解感受(议程管理与控制)。此外,我不仅在会议公开场合向团队负责人提供了直接反馈,在事后也私下与他沟通了他的行为对我的影响。我向团队负责人表达了我的困惑,并询问其真实感受,建议他在传达自身真实感受时务必尽量准确。

这导致团队负责人进行了一些自我剖析,并要求我在会议之后为其提供咨询。他在团队中的行为也逐渐从愤怒转化为对于焦虑和失望的表达,而这也促使团队反思和解决可能真正困扰他们的问题。

最后,在某次我参加团队会议时,负责人恰巧缺席。团队利用这个机会向我咨询他们应该如何更好地应对和管理团队负责人的感受，我发现我成为整个团队的顾问。然后我们花费了一个多小时来分析情况，确定备选方案，以及决定如何在未来行动使情况改善。在这个过程中，我的角色主要是教练。

结构性建议

正如我在本章开篇提到的，结构性干预很少见，主要原因是这种干预措施与过程咨询模型的一些基本假设相冲突。顾问很少能够参与决策应该如何分配工作，或应该如何改变沟通方式，又或是应该如何组建执委会。大部分情况下他能做的是帮助管理者评估不同备选方案的结果，或是提出一些新的备选方案。

例如，当 Apex 制造公司从职能制组织架构转变为产品线式组织架构时，我注意到各个职能部门（如市场部门与工程部门）人员之间的沟通明显减少。在团队会议期间，出现了抱怨和指责组织重构可能决策错误的言论。

我的干预旨在让大家明白：任何形式的组织都有其优势和劣势。因此，管理者需要努力构建非正式组织，以弥补正式组织固有的不足。我将此观点撰写在简短的备忘录（参见附录 B）中，并要求大家在会议中抽出一些时间来探讨这个主题。

公司最终采取了委员会结构，将职能专家定期召集在一起沟通，从而减少了因重组带来的沟通空白。

过程咨询顾问必须明确指出，他并不能给出一个最佳方案。尽管这可能会令客户感到失望，但顾问必须要专注于帮助客户提升自身解决方案的质量。过程咨询顾问是帮助客户提高解决问题的能力，而不是解决特定的问题。

就我的经验而言，上述规则只可能有一种例外：如果客户希望专门为解决组织或人际关系问题而召开会议，或是想要设计一种数据收集方法，那么过程咨询顾问的确会拥有一些专长知识。他比客户更加了解访谈或问卷的优劣势；他也比较清晰应该询问什么问题，如何组织收集信息，如何组织反馈会议；他能够更好地安排轻重缓急的各项事务，能够让团队对人际互动过程进行良好的讨论。因此，在这种情况下，我会非常直接和积极地参与确定会议议程，安排与会人员，负责事务安排以及管控整个项目。

例如，在Apex制造公司，总裁决定在他们一整天的会议中尝试对所有成员提供反馈。他请我协助给出操作建议。在这种情况下，我不遗余力地给出建议，尽我所能提供一个可以良好运作的方案。同样，当公司需要对某个部门全体员工进行访谈时，我也详尽地给出了操作建议。我指出，所有被访谈的团队成员必须由部门经理给出简要评价，必须组织团队反馈会议，等等。如果我认为调研问卷不妥当，我会坚决否决使用；如果我认为团队准备度不够，我也会建议推迟或取消人际关系研讨会。

总之，过程咨询顾问应该在学习过程本身等问题方面发挥专业所长，但应该非常小心，不要将如何帮助组织学习的专家与解决组织实际管理问题的专家相互混淆。同样的逻辑也适用于个人评估：在任何情况下，我都不会介入评价个人处理和解决具体工作相关问题的能力；但我可以评估某个成员是否愿意参加对其团队的访谈调研或反馈会议。如果我认为其参与可能会破坏该组织希望达成的目标，我可能会选择寻求另一种规避该成员的解决方案。这些内容通常很难进行决断，但过程咨询顾问如果将组织的整体健康状况定义为基本目标，则他几乎无法回避这些问题。然而，在这些决断过程中，必须始终保持对个人和组织的公平。如果某些决策将不可避免地伤害到某些团队或个人，那么也许整个项目都应该推迟。

我可以再列举两个结构性干预的例子。在 G 公司中，我与公司管理发展团队的成员一起工作了一段时间，担任该团队规划各项计划的决策班子成员和顾问。尽管该团队成员对工作乐此不疲，然而该团队还未在组织发展方面有所建树。在去年的某个时间，内部管理者被要求规划对公司各个部门的全部关键市场人员进行培训。

我受邀作为开发小组的一员参与到这个项目中。我的工作职责包括招募一位小组成员，帮助管理层人员规划该方案的需求和目标，然后协助设计具体方案。这就要求我从过程咨询顾问的角色转变为设计和执行管理培训计划的专家资源。

在与 G 公司的协作关系中，我会发现自己时常需要进行角色切换。而切换之所以能够高效，原因在于我与该客户公司已经合作多年，而且联系客户本人也十分适应和乐于扮演不同关系中的各种角色。此外，在组织内各个团队不时需要过程咨询顾问协助时，联系客户很好地发挥了联络对接人的作用。例如我曾经受邀与公司某个事业部的销售团队合作，实施了一个访谈和反馈项目，主题是区域运营销售人员如何看待其工作，并帮助管理层评估销售职能团队整体运作风格。

第二个示例来自 Boyd 消费品公司，在该组织中我的主要工作是定期与高层管理团队成员会面，并为该团队的成员提供个人咨询服务。某年，人力资源负责人邀请我参与年度人力资源调查，并帮助组织设计更系统的管理提升方案。为了完成这项任务，我受邀成为人力资源委员会的成员。在委员会会议期间，我着手评估组织需求，并开始筛选能够满足这些需求的人力资源项目。此时，我开始从过程咨询顾问角色转变为人事专家资源角色。

在我参与会议过程中，我发现该团队很难在既定的时间内形成清晰的方案架构。因此，我进行了结构性干预，系统性地调用了组织内外部培训资源，制订了一个多方面的自我发展计划，还对组织中人员招聘及任用制度进行了修订。所有这些内容都基于人力资源委员会希望推动的工作，我将其整合到一个整体框架中，并努力说服该团队。最终，人力资源委员会的成员们采纳了这个方案，并向其他管理层和董事会提交了该方案。

在回顾这一干预措施时，我会反思如此结构性干预是否必要，我的个人目标是否实现。从我所获得的信息来看，该方案原则上获得了大家的赞同，而且每个人都认为确实应该如此，但最终实施方案时却步履维艰。当我反思为何该方案并没有得到更为系统的有效实施时，发现其中一种可能性即是我的干预超出了团队的界限，该团队因此失去了对该方案的所有权，并没有形成对于推动方案落地的有效承诺。如果这个假设正确，那么这个案例很好地说明了过程咨询与专家咨询之间的微妙界限，以及实施结构性干预的固有风险。

结　语

在前几章，我罗列了过程咨询顾问所使用的各种干预措施。

我希望读者能够理解，过程咨询模型的本质是对现状进行不断的重复诊断并采取相应措施。因此，对于特定项目而言，无法给出固定有效的干预措施或干预顺序。在 A 公司奏效的干预顺序在 B 公司可能毫不奏效。因此，过程咨询顾问必须准备好以各种方式进行干预，然后把握机会并选择恰当的干预措施。他必须足够灵活，随机应变。

下面让我们再次回顾这些干预措施：

（1）**议程管理**——通过提问、过程分析、举行针对人际互动和小组过程的会议，以及各种过程问题的知识输入来管理议程。

（2）**反馈对话**——基于观察或访谈所获得的信息，面向个体或团队进行反馈对话。

（3）**指导/咨询**——可以作为团队互动的其中一部分内容，也可以设定以此为目的的专项会议或项目。

（4）**结构性建议**——针对过程导向的会议或其他咨询项目，实施结构性干预。

第十六章

结果评估与"抽身而退"

迄今为止，我们已经详细探讨了过程咨询顾问的想法和行为，但我们还尚未从更高层面来探讨全局：在一段时间内，过程咨询顾问在寻求什么样的成果或目标？他如何来衡量这些成果？他如何在某一时间决定减少对客户系统的参与？

这些问题没有简单的答案，因为过程咨询模型的目标无法用简单的可衡量的词语来描述。当然，所有组织发展工作的最终目标都是提升组织绩效。正如我所定义的组织发展工作，它们应该是贯彻过程咨询理念和态度，通过改变组织的某些价值观念，以及提高关键管理者任务达成和人际交往能力，从而提升组织效能所进行的活动。而绩效提升，相应地，又会与这些价值衡量标准的改变和技能提升紧密相关。然后，顾问即是要寻找短期内特定价值观念发生改变、特定技能有所提升的证据。

通过过程咨询扭转价值观念

关注任务还是人际关系

OD工作中需要扭转的最重要的第一项价值观念，即是从关注任务转到关注人际关系。绝大多数管理者会持有这样的价值评判——"管理最重要的问题首先应该是高任务绩效，其次（或如果时间充裕的话）才是人际关系"。过程咨询顾问需要改变的正是这一点！他们需要让管理者意识到人际关系、对于人际互动和团队事务的管理至少应该与任务管理同样重要。

这一理念背后的逻辑是：对于管理者而言，他们的任务需要借助他人来完成，因此有效的人际关系就成为能够高效执行任务的首要保障。归根结底，组织即是人际关系的复杂网络。如果对这些网络不能有效管理和运作，完成绩效任务无疑只是空谈。

聚焦内容还是过程

任何OD工作中必须扭转的第二项价值观念涉及对"工作内

容和组织结构"关注更多,还是对"完成工作过程与过程结构"关注更多。管理者往往更倾向于将精力投注于决策、人际互动与沟通的内容层面。他们倾向于贬低"个性""感受""事情的完成方式"的重要性,他们往往试图通过对组织架构的重新设计来永久地回避与过程相关的问题。

过程咨询顾问所面临的问题,是需要向管理者展示组织过程所遵循的固定模式可以被研究和理解,并且模式本身会对组织绩效产生重要影响。更为重要的是,可以通过合理地调整和变更过程有效提高绩效。因此,一方面确实应该通过对内容和组织架构的共同探讨来改善组织,另一方面也需要同时关注组织的运作过程。

短期产出还是长期效能

第三项价值观念是对短期产出和长期效能的相对关注。大多数管理者都认为,每天乃至每个小时都应该从事可以立即产生成果的活动。而过程咨询顾问则认为,过程事件的诊断往往需要经历缓慢而平静的分析过程,乍一看似乎很浪费时间。他必须扭转管理者的价值体系,使之能够容忍经历这样的分析阶段,并让管理者意识到花费在建立有效的任务过程和人际关系上的时间最终可以帮助其更快、更有效地完成任务。

即时解决方案还是持续诊断

过程咨询顾问第四个需要传递给管理者的价值观念是持续诊断是必要的。顾问需要管理者认同持续诊断的必要，避免管理者陷入对即时解决方案或普适指导原则的执迷中。我坚信环境的变化会越来越快，组织内部也同样如此，这就要求对外部环境和内部组织进行诊断的组织能力有所加强。短期奏效的解决方案难以经受长时间的考验。

如果管理者希望避免个人和组织因为过时而被淘汰，那他就必须接受将持续的过程诊断作为一种常态。在理想情况下，管理者不仅能够接受这个理念，还会发现持续诊断的乐趣，进而能够进入日常工作绩效不断提升的正向循环。要注意，我在这里所说的持续诊断并不是指管理者们所担心的——因为诊断内容过多，他们无法及时做出决策。我认同要在规定时限内做出决策，但需要先进行诊断，哪怕非常简短，切忌盲目遵循早已过时的政策或一般性原则进行决策。

总而言之，过程咨询顾问希望通过改变管理者的态度和价值观念，使其更加关注"人"的问题、过程问题、长期有效性和诊断过程本身，以有效提升组织的适应能力。这也意味着，评估过程咨询模型工作成果的一种主要方法就是评估核心管理者对上述关注点的关注程度。这种评估无法通过正式评价或特定的衡量工具获取，必须通过顾问观察组织中管理者的活动或者由管理者自身统计获得。

传授给客户的技能

正如我在前文所反复强调的，过程咨询顾问要传授给客户的最重要技能就是诊断并解决其自身问题的能力，无论是其业绩任务、人际互动、团队管理还是组织领域中的问题。最初，过程咨询顾问拥有比客户更多的知识和技能。随着过程咨询工作的不断推进，他应该能够观察到所涉及相关管理者的知识与技能不断提高。

此类技能提升的最好指标之一，就是查看各个团队或小组自行进行过程分析或议程审查的意愿程度。他们是否会指定观察员角色？他们在选择关键团队事件、分享感受、回顾团队行为方面的技巧如何？

应该明确的是，团队参与到此类活动的意愿程度，正反映了顾问当初对管理者价值观念影响的程度。即使某位管理者进行自我诊断的能力已经具备，但如果参与意愿仍然不高，则说明他可能抵制此类活动；而如果管理者的技能没有得到有效提升，则仅靠顾问扭转其价值观念提升意愿度也是不够的。

与价值观念评估的情况一样，技能掌握情况的评价也只能通过顾问的观察，或是客户系统本身对其管理者诊断和解决问题的能力进行评估。管理者对于高效解决自身问题充满信心，这一点非常重要。因此，如果客户系统认为自身可以在没有顾问帮助情况下继续向前，即使顾问对客户能力是否足以应对表示怀疑，他也必须做好退出的准备。

案　例

在 Apex 制造公司，第一年就产生了可观的价值变化和技能提升。在此期间，我花费了大量时间从事两项主要活动：（1）参加高层管理团队的各项会议；（2）根据各位高管的需求，对各种关键群体进行访谈和反馈调研。此外，还会有一些针对个体的指导，这些指导往往是由访谈衍生而来的。

我已经给出了团队会议、访谈、反馈会议中所发生的各种特定活动的应对示例。显然，随着经验的增加，该团队开始学习调整自己的内部过程（技能），更多关注这些内容，并分配了更多会议时间来分析人际互动的感受和事件（价值变化），并且他们能够在没有我在场的情况下管理会议议程并进行诊断（技能）。

该团队是在某次我不能出席的全天会议中发现这一点的。在我不出席的情况下，此类会议过去往往仅限于讨论工作内容，而该团队发现，即使当天我并未出席，他们也可以自如地讨论任务过程与人际互动过程。团队成员将这种变化视为阶段性里程碑。自此以后，团队越来越开放和高效，团队成员认为彼此之间可以更加相互信任，信息沟通更为顺畅，花费在无效沟通和政治内斗上的时间越来越少。

在第二年中，尽管我还参与了一些特定项目，但我的参与度大大减少。公司成立了一个委员会来制定管理发展规划，我受邀参加了这个委员会，并协助其制订计划。在数次会议之后，我清晰地意识到，该团队所需要完成的规划并没有太多确定的内容。不同管理者的问题都截然不同，需要一个能够包容所有问题的研讨机制。

管理者价值观念转变的反映之一是他们意识到，他们应该成为任何他们所制定规划的主要参与者。如果规划不够令人振奋，也不够有所裨益，不能让委员会倾注足够的时间，那么后期也很难将其强加给组织的其他成员。

我们开发了一套会议机制，涉及一系列小组会议，每次小组会议都将设定自己的议程。在三次小组会议之后，将召集一个更大的管理小组就一些高度相关的主题进行主题讲座和讨论。当第一层团队（执委会及其他副总裁级人员）完成六到八次会议之后，该团队的每一个成员将成为该组织下一个层级团队会议的会议主席；然后这十个左右的次一级团队将围绕他们制定的议程项目举行六到八次会议；与此同时，主题系列讲座照常进行。在每一个组织层级完成系列会议之后，我们会对该会议机制进行重新评估，确定是否在下一个组织层级沿用该模型或做出更改。

我在整个组织中的职责如下：第一，帮助团队开发出了这个会议机制；第二，与最初的高层团队合作，成为提升团队产能的促动者；第三，作为系列讲座中相关主题的讲师资源；第四，在其他主题讲座中客串，并在小组会议中提供建议。随着这一会议机制的形成，虽然我依旧会参加执委会会议审查整体进展情况，但我的参与逐渐减少。

在随后的几个月中，我与最初高层团队的个别成员有过寥寥数次会晤，也偶尔参加几次会议。在这些会议中，我的职责是成为决策参谋，提出团队可能忽视的一些观点，帮助该团队评估其自身能力水平。我看到团队的确进步很大，因为我可以非常清楚地看到组织中价值观念的转变与技能的提升。

团队也可能在特定的人际关系问题方面寻求我的帮助。团队成长的一个衡量标准是其更好使用外部顾问的能力，包括何时、如何使用顾问的帮助，以及如何根据顾问的建设性意见做出有效的决策。随着新问题的不断出现，这种关系继续保持，持续了很多年。我认为我在这个组织中的工作——扭转价值观念和提升技能——总体而言是成功的。

在 Boyd 消费品公司，我最初的参与方式与前述基本相同，但由于种种原因，组织变化慢得多。高层管理团队在知识层面接受了很多价值理念，但并没有真正致力于使它们发挥作用。团队中的某些成员为此付出了更多的努力。在技能提升方面，团队尝试了很多种方式，例如让团队中的成员成为观察员、在会议之后进行报告等。这些活动产生了一定（尽管不是很大）的效果。

该公司存在的问题是，他们需要与许多传统习惯相抗争。这些传统习惯在不同程度上与我所倡导的价值理念背道而驰。他们还面临很多危机，而对这些危机需要立即采取行动，因此削弱了团队成员投入精力用于提升诊断和人际互动能力的尝试。这个案例说明，如果组织基本文化所包含的假设与过程咨询模型的基本价值观不符，那就很难推动显著的改善。为了改变文化本身，就必须启动一个更加深入的组织变革项目。

在随后几个月，我持续与团队个体及整个团队会面。我的行动包括为团队成员提供指导，向客户系统成员施加温和而坚定的压力，使他们变得更为开放、彼此信任、更有效率。最近，该团队决定召开为期两天的会议，团队成员分享了一些强烈的个人感受。虽然这些经历对于一两位成员来说非常痛苦，但大多数成员都认为会议具有建设性，并希望后期能够举行更多类似活动。在此期间，我的职责是帮助他们理解所经历的情感体验，并向他们展示如何将其转化为建设性体验。几个月后，我们的联系逐渐减少，最终结束了合作。回顾这一经历，我认为相较我付出的努力，我并没有多少收获，但该团队确实只能按照其公司文化允许的速度推进工作。

在 Central 公司，我以更加松散的方式介入各种项目，每次研讨会之后，内部顾问和我都会对项目进行评估。我最初在某个独立部门举行了研讨会，但是否继续下去取决于其他部门能否跟进推动变革活动。有两个部门选择了推动变革项目，因此我参与到进一步计划中，执行并评估了这些项目，同时定期与公司内部顾问就整体变革策略进行交流。

长达数年的研讨会结束后，我所承担的工作逐步转到了内部顾问肩上，最终我完成了我的工作。整体项目可谓非常成功，内部人员已经完全接管整个变革项目，而在此期间已经完成了诸多有效改变。

在 Delta 制造公司，我发现关键团队从一开始对 OD 价值理念的接受度很高，自身技能水平也非常不错。在大约 12 次会议之后，我和团队一起对项目进行了验收，一致认为我已经完成了当前所需要做的工作。

而随着问题的进一步发展，团队又再次与我联系。因为随着项目所涉及的部门越来越多，团队也不得不再次扩大；而随着团队的扩充，又出现了一些潜在的新问题。因为该团队自身的诊断能力已经很高，能够判断何时以及如何使用外部顾问，所以他们再次邀请我对为期更长的会议进行一些规划，从而能在这些会议中深入探讨新问题。

我之后又陆续与这个公司合作了很多年，因为该公司管理层已经学会了应在何时以及如何使用外部帮助，所以我们的合作总是富有成效。

结　论

过程咨询是一个即时过程。想要为其设置简单的界限非常困难；同时，也很难对其进行整体评估。我们可以研究客户组织中价值理念的逐渐改变；也可以查看特定项目的结果，例如访谈反馈循环；还可以评估干预对团队的直接影响。但是，人们无法使用量化指标（对过程咨询进行评价），而这也是合乎情理的。最后，过程咨询项目的周期产出必须由客户系统成员和顾问共同判断。双方都必须判断是否需要继续维系协助关系，以及以何种方式维系协助关系。

如果根据任何一方判断，应该减少协助，那么这个过程应该如何完成呢？

抽身而退：减少对客户系统的参与

以我的经验，终止协作的过程具有以下特征：

（1）顾问减少对客户系统的参与是相互协商的决定，而不是顾问或客户单方面的决定。

（2）参与程度通常不会降至零，即完全终止合作，但可能会持续处于非常低的水平。

（3）从顾问视角来看，合作的大门总是敞开的，以便在客户需要的时候能够与客户进行再次合作。

对于以上这几点，我想通过举例来分别说明。

共同决定

在我大多数的咨询协助关系中，都会出现一个这样的时段：

我感觉已经完成了力所能及的全部工作，与此同时，客户系统中的某些成员也认为自此开始应当自力更生。为了减少参与，我通常会每隔几个月进行一次确认，以了解客户是否能够良好运转或需要再次帮助。

在某些情况下，虽然我觉得工作已经完成，但有可能客户并不如此认为，而希望协助关系能够按照每周一天持续保持下去。而在其他情况下，例如在 Apex 制造公司，客户会提出建议，即从他们的角度来看，并不需要我继续参加运营团队会议。正如总裁所说，我在会议中几乎和其他普通团队成员别无二致了，无法产生更多贡献。我同意了这一决定，并减少参与团队会议的时间，仅根据团队邀请参加会议。而如果我不同意，我们彼此将进行协商，直至达成双方满意的结果。

有时当客户希望我减少参与，而我认为我还需要全力以赴地参与，此时我会据理力争地说明，多数情况下，客户都会接受我的建议。有时我也会提出减少参与——或者是因为我觉得难以推动任何事情，或者是我感到客户对我过于依赖。

事实上，围绕减少参与展开的协商对于顾问而言是诊断客户系统状态的好机会。无论是选择继续合作还是终止合作，所提出的各种论据为顾问确定组织内发生了多大程度的价值转变和技能提升提供了坚实的基础。

读者可能会认为，既然客户是在为服务付费，那么他当然有权就是否要求顾问继续提供服务做出单方面的决定。我的观点是，如果咨询过程已经达成了部分成果，那么顾问和客户之间应该建立了足够的信任，因此双方可以基于合理的理由协商而做出决定。再次强调的是，顾问在经济上不应依赖于任何一位客户，否则他的诊断会因为他希望继续赚取酬金而产生偏差。

参与度不会削减为零

即使客户与顾问都同意降低参与度，但双方都应意识到这并不意味着协作关系的完全终止。事实上，完全终止并不是理想状态，因为减少参与的诊断可能并不一定准确。更为理想的安排是将参与度下降到每三四周安排半天，或仅参加某些类型的特殊会议，或是每两三个月与客户系统的主要成员进行一次访谈。通过这种机制，客户与顾问可以定期重新评估现状。

在 Boyd 消费品公司，有一段时间我认为已经达到了平稳期，因此我建议将参与时间减少到每两周半天，即使组织内成员希望我抽出时间与其沟通，也要保持此安排不变。几个月后，组织内部的一系列事件使高层管理团队提升效能的需求变得极为迫切。高管团队决定要召开更多会议，因此邀请我再次参与进来。相较于我完全终止协作关系，减少参与的方式更利于双方合作。

在与 Apex 和 Fairview 公司的合作中，其间有很长一段时间我都没有对公司高管进行拜访，但是客户如果有棘手问题，可以随时打电话给我，希望我能够积极回应。这种安排的唯一问题是客户很难规划自己的时间。显然，如果几个客户同时要求增加对其公司的参与度，那么顾问可能无法满足。一旦出现这种情况，顾问必须公开自己的困境，并与各个客户协调是否可以满足需求。以我个人的经验，我大约可以同时服务四个客户，其中两个比较活跃（每周半天），另外两个处于休眠状态（每三四周拜访一次）。

再次合作始终可能

这一点与前一个观点密切相关，但我将其分开，以提出过程咨询顾问的义务问题。在与客户的任何过程咨询关系中，我认为一旦建立合作，顾问都应该向客户明确指出，合作的大门永远向客户敞开。希望顾问履行该义务的原因是与客户建立良好的顾问关系十分困难，一旦顾问和客户双方在协作关系中投入精力，即使长时间没有联络，心理层面也不会断开联结。我曾与许多客户都长达数月没有联络，但一旦重新建立联系，我便能够很快地进入状态。

通常而言，应该由客户重新建立联系，但我并不主张严格遵循这一点。如果一段时间没有联系，我可以主动致电客户，询问是否方便聊聊组织近况。在我的某些经历中，这种询问电话大受欢迎，所了解的情况也成为新的咨询项目或过程观察的基础信息。顾问必须注意，切忌推销自己而违背了过程咨询的核心理念。这必须是一个诚恳的询问，客户如果没有需求，可以轻松拒绝。我自己也常常被拒绝，在这种情况下没有理由要求对方必须接受。有时，这种方式能够帮助客户以不伤及颜面的方式获得帮助。

结　语

我已经说明了过程咨询顾问希望传递给客户系统的一些价值理念和技能。这些价值观更多是关于"任务问题还是人际问题""聚焦内容还是过程""关注短期成果还是长期效能""寻求普适规则/原则还是选择持续诊断"等理念的平衡。

在技能领域，最主要的是诊断能力，以及应对关键任务和人际互动问题的能力。过程咨询的最终目的就是让客户能够识别并解决自身的问题。

顾问和客户都可以对过程进行评估，但因为过程咨询是不可预测的即时过程，所以评估本身也会成为持续的活动，而不是固定的活动或阶段。

如果顾问或客户希望应该减少对客户系统的参与，则需要经历一个"抽身而退"的过程，但减少参与的决策应该由客户和顾问共同决定，同时不应彻底终止，并允许顾问或客户随时发起再次参与的请求。

第十七章
正确认知过程咨询

为何需要过程咨询

我希望本书可以达成几个目的：

首先，我想介绍过程咨询的模型，我认为该模型描述了典型顾问在组织发展工作中所做（或应该做）的工作。许多关于 OD 的文章都概述了 OD 的工作，但没有详细介绍顾问的日常动作。本书及过程咨询系列书籍为读者展示了通常文献资料中所缺失的细节。

其次，我希望尽可能清楚地解释作为顾问与多年来合作客户之间的情况。我的一些同事对我与企业的合作产生了一些明显的误解，我想消除这些误解。

最后，我想通过清楚地阐述与组织合作的一种方式，为组织咨询的一般理论做出贡献。对复杂组织的研究和咨询数量与日俱增，最重要的是了解组织是如何运转的。我希望通过阐述过程咨询的概念来澄清一些问题。

到此，我想对过程咨询相较于其他类型活动做出一些概论，帮助大家更好地了解这一过程。过程咨询首先是研究组织的一种方式。我信奉勒温的格言："如果你希望彻底了解某个系统，你必须尝试改变它。"顾问的大部分成就感来自其一边使用诊断和干预技能，一边不断揭示组织过程，从组织运作中进行学习。这种接触丰富了我的教学和研究技能，鼓励我进一步尝试阐明这种临床研究组织的方式。

正如我在最初的序言中所提到的，我的一位同事曾经问我：为什么要浪费时间教授管理者基础心理学知识，而不去从事可能影响成千上万人的教学研究？

第一个答案，过程咨询绝不是基础心理学教学。对我而言，这是一个在组织中制造变革的复杂过程，而闭门研究文笔再美也无法实现这种变革。变革过程并不仅仅是传播思想的过程，而是扭转价值理念和教授技能的过程。通过提升组织效能，我获得的满足感远胜于教授一些管理者他们可能不知道如何应用的心理学知识。

第二个答案，那些并不熟悉组织过程的人所取得的组织研究成果，对我而言，是不切实际的。之所以这么说，是因为他们仅仅关注于概念而非组织成员的实际经验，大家也无法从其研究结果中得到可用的结论。相反，当我们进行一系列访谈或观察团队行动时，这种诊断令组织内部现象跃然纸上。对我而言，咨询就是研究的重要方式。

第三个，或许是最重要的答案，如果没有与组织密切联系所带来的那种感觉，我的教学将是徒劳无益的。除了组织中不可避免的些许紊乱，我可以完全沉浸于组织工作中。我不确定是否需要进行如此完整的过渡才能获得我所谈论的那种感觉。

过程咨询有类似参照吗？

过程咨询顾问在组织中的运作方式与医学界的全科医生相似。从某种意义上来说，他是组织内科医生，又往往是组织精神科医生。如果有人认为顾问在决定某种特殊干预之前需要帮助组织做出诊断，那么类比为内科医生非常合适。但是如果有人认为内科医生就是诊断的主要专家，那么这个类比就不成立了——内科医生会安排测试、提问、搜索，然后提供诊断和建议；与之相对，过程咨询顾问需要让组织参与自我诊断，并使组织自身能够提出合理建议。

更好的类比是将过程咨询顾问视为系统的社会治疗师，当然该系统的大小和组成会不断发生变化。诊断和有益干预的概念直接来自治疗概念，尤其是小组治疗和培训的概念。帮助团队和为组织提供咨询之间的主要差别在于任务的复杂性。

要成为高效的过程咨询顾问，需要具备与培训或治疗小组所使用的诊断和干预技能完全不同的技能。顾问没有培训或治疗场景的环境和设备支持，他也不能指望类似培训团队的大量参与，他甚至无法让组织成员承担与患者或受训者相当的学习承诺。他只能在权力不明的基础上，通过自己的干预和其他工作建立参与度和承诺，因查看过程重要性而获得认可。

如果认为顾问应该主要就其发现的任何病理致力于帮助系统实现自我帮助，那么社会治疗师模型就意味着系统要自己给出建议。一旦达成了初步合作意向，顾问必须准备好应对所发现的一切。他必须像个体治疗师一样小心，不要提出会被抵制的建议，也不要落入"他就是该特定组织的专家"的陷阱。他所擅长的就是提供帮助。同时，社会治疗师模型也存在其局限性，因为它暗示了病理学的存在。以我个人的经验，健康的组织会敞开心扉接受帮助，从而获得长久的健康；而不健康的组织往往倾向于抵制帮助。可惜的是，采用过程咨询模型并不会比采用其他方式更容易被此类组织接受。

最后，我想再次将过程咨询模型与更多标准咨询模型进行对比。标准模型是顾问可以就如何解决组织已确定的特定问题提供专家建议的模型：如何改进生产排程，如何确定成本，如何获取市场信息，如何提高生产效率，如何选择和培训某些类型的人员，等等。即使起始工作需要顾问重新界定问题，顾问的最终任务依旧不变——提供专家解决方案。

相比而言，过程咨询模型会假设组织知道如何解决其特定的问题，或者知道如何获得帮助来解决这些问题。但在最初的问题界定过程或制定解决方案过程中，组织不知道如何有效使用自身资源。过程咨询模型还会假定内部资源不足或流程执行效率低下——人们之间无法有效沟通，互相不信任，破坏性竞争，奖惩失当，缺乏反馈，等等。

过程咨询顾问的工作是通过了解组织过程、过程结果、可以变更过程的机制，最终帮助组织解决自身问题。过程咨询顾问帮助组织从自我诊断和自我干预中学习，他的关注点始终是关注组织在其能力范围内做到了什么。如果说标准顾问更加关注传递知识，过程咨询顾问则更加关心传递技能和价值观。

附录A

备忘录Ⅰ：内部审计与管控程序的说明

1. 为何内部审计常被视作"无用"或是"制造紧张的来源"

（1）审计师的职责要求其忠诚于审计团队而非整个公司。（由于内审的第三方立场）审计师常常会感觉自己并不属于公司一员。而管理者的忠诚对象无疑是公司或组织。

（2）如果审计师发现了组织问题，他们会获得更多奖励，但对帮助管理者把事情"摆平"则无能为力。而对管理者而言，只要完成任务目标即可获得奖励，并不用理会任务是对还是错。

（3）审计师往往是完美主义者，喜好深入探索特定问题。而对管理者而言，可行性往往比理想性更重要（他们会倾向于寻找可行的解决方案，而不是完美或理想的方案）。另外，他们属于通才，他们关注于协调各个并不完美的环节从而最终完成工作，而不是将工作的某个环节做到完美。

（4）审计师的岗位会诱使其对业务线运作进行评价并给出解决方案。但管理者希望获得描述性（而非评价性）反馈从而设计自己的解决方案。

2. 业务条线组织与审计职能之间的紧张关系可能引发的失调结果

（1）业务条线的团队成员倾向于把事情做好，重点是审计人员检查的领域，而并不关心这些事情对组织使命是否重要。

（2）业务条线的团队成员会努力隐藏问题和缺陷。

（3）管理者对下属倾向于采取抽查并处罚的方式，这会导致下属即使已经在纠正错误，也会感到如芒在背——上司的目光随时都会投射过来。

（4）业务条线的团队成员很可能伪造或歪曲信息，以避免被上司发现错误而受到惩罚。

（5）审计职能所收集的详细信息，总是被传播得过为广远，无论是在审计职能还是在业务条线中。然而接收到信息的人往往因为距离问题太远而无法对信息是否有效进行评估。

3. 应对审计的初步原则

（1）业务参与。在哪些绩效领域需要被审核，如何收集信息、何人接收信息方面，业务条线参与决策越多，越有利于审计职能高效发挥作用。

（2）水平报告而不是垂直报告。提供的审计信息越多，越应该先提交给对问题负责者（水平报告）；如果问题并未得到及时纠正，则应该汇报给其上级；如果仍未奏效，才应该向更高级别业务条线或审计职能负责人汇报。只有这样，审计才能更为有效（因为在业务条线内部，隐藏和伪造信息的动机更少，处罚而非纠错的可能性也更小）。

（3）奖励成果而非纠错。审计职能团队的管理者考评下属时，根据下属提供帮助程度（基于业务部门的反馈）而非发现问题的效率给予奖励，可以有效提升审计效率（审计职能人员往往不知如何使用审核信息提供帮助；应该通过培训如何提供帮助来强化奖励制度）。

（4）有效反馈。审计信息越与核心业务问题相关，在发现问题之后越早汇报，提供描述性而非评估反馈，对于业务条线团队的帮助也就越大。

附录B

备忘录Ⅱ：关于组织的说明

（任何）组织都可以被认为包含以下组成部分：

（1）永久系统。示例：产品线、产品组、制造部门、财务部门、销售部门、执行委员会。

（2）临时系统。示例：工作组、审计委员会、特定问题解决小组。

（3）协调系统（可能是永久的，也可能不是）。示例：跨产品线的项目组（如标准化组），在某些产品部门与制造部门之间进行协调的生产工程组，负责职能的委员会（如技术委员会、薪酬委员会等）。

这种分类主要关注于将任何给定的职能单元/团队（例如市

场营销、工程、项目）归结为永久、临时或协调的角色。

关于分类的另一个重点是将产品线组织中的某一项弱点界定为永久性系统，然后通过建立适当的临时系统和协调系统以弥补弱点，从而加强整个组织。例如，如果缺乏标准化是产品线组织的弱点之一，那么可以建立专门的标准化团队来负责这项工作，当然，这个团队也可以是临时小组。

然后，需要考虑的中长期问题就是我们需要什么样的临时系统和协调系统，才能让产品线组织的标准化工作顺利开展。

附录C

备忘录Ⅲ：
理性的侵蚀：内部竞争对产品规划的危害

（1）提倡竞争的一项主要成果是，竞争增加了参与者取胜的动力。但是在竞争伦理中，没有任何因素可以保障理性及对高品质的关注。

（2）提倡竞争的第二项主要成果是，几个相互独立的问题解决者可能比一群问题解决者在一起工作成效明显。

（3）竞争的主要危害是，在争取获胜的渴望下，人们可能会开始夸大自身产品的优势，而放大竞争产品的弱点。如果两个或者更多竞争者进入了这种微妙的扭曲过程，那么评判每种产品真正的优劣势就会越来越难。

（4）竞争的第二项主要危害是，在销售自身产品解决方案的过程中，人们会投注情感。这种"投入"是夸大扭曲的原因之一。因竞争产生而对产品的"投入"和"忠诚"会引发针锋相对的人际互动，诸如兜售、鼓吹或捍卫。这些交互类型不一定能使问题获得有效的解决，因为它们迫使拥护者和捍卫者都只关注自己产品的优势，而试图掩盖其弱点。换句话说，辩论不会促进诚恳、开放的沟通。但如果没有诚恳、开放的沟通，如何理性地解决问题呢？

（5）如果在竞争过程中某方或多方参与者受到了人身威胁（例如，他们的岗位工作会受到产品决策的影响），产品竞争就会激化成为人际竞争。如果发生这种情况，就再也无法做出理性的产品决策，因为这等同于否决一个人，而不仅仅是一个产品。问题不在于这是否真的正确，而是参与者是否认为它是正确的。

（6）一旦成为人际竞争，参与者就会投入更多动力进行政治活动，通过幕后游说、削弱对手、隐藏信息、抹黑他人来获取胜利。一旦竞争进入这一阶段，希望团队协同合作几乎难以实现。

（7）如何获得竞争的优势而避免这些负面结果？

①关注这些负面威胁。

②控制好时间点，在竞争关系破坏理性之前，将竞争关系转变为协作。

③提前约定将竞争转变为协作的时机。不要等到出现不良状况，到那时为时晚矣。

④确保每个人都了解基本规则，并接受在这种规则之下展开工作。

⑤持续检查人们是否开始受到威胁。将这种检查纳入会议机制，而非停留在口头上。

⑥学会保持灵活性。能够从竞争切换为协作，并能恰如其分地使用各种策略。

Authorized translation from the English language edition, entitled Process Consultation, Volume I: Its Role in Organization Development, 2e, 9780201067361 by Edgar H. Schein, published by Pearson Education, Inc., Copyright © 1988 by Addison-Wesley Publishing Company, Inc.

All rights reserved. No part of this book may be reproduced or transmitted in any form or by any means, electronic or mechanical, including photocopying, recording or by any information storage retrieval system, without permission from Pearson Education, Inc.

CHINESE SIMPLIFIED language edition published by CHINA RENMIN UNIVERSITY PRESS CO., LTD., Copyright © 2022.

本书中文简体字版由培生教育出版公司授权中国人民大学出版社出版，未经出版者书面许可，不得以任何形式复制或抄袭本书的任何部分。

本书封面贴有 Pearson Education（培生教育出版集团）激光防伪标签。无标签者不得销售。

图书在版编目（CIP）数据

过程咨询．Ⅰ，在组织发展中的作用／（美）埃德加·沙因著；葛嘉译．－－北京：中国人民大学出版社，2022.1
ISBN 978-7-300-29644-9

Ⅰ．①过… Ⅱ．①埃… ②葛… Ⅲ．①咨询服务 Ⅳ．① C932.6

中国版本图书馆 CIP 数据核字（2021）第 161090 号

过程咨询 I：在组织发展中的作用
［美］埃德加·沙因　著
葛嘉　译
Guocheng Zixun I：Zai Zuzhi Fazhan Zhong de Zuoyong

出版发行	中国人民大学出版社		
社　　址	北京中关村大街 31 号	邮政编码	100080
电　　话	010-62511242（总编室）		010-62511770（质管部）
	010-82501766（邮购部）		010-62514148（门市部）
	010-62515195（发行公司）		010-62515275（盗版举报）
网　　址	http://www.crup.com.cn		
经　　销	新华书店		
印　　刷	北京联兴盛业印刷股份有限公司		
规　　格	160 mm×230 mm　16 开本	版　次	2022 年 1 月第 1 版
印　　张	16 插页 2	印　次	2022 年 10 月第 2 次印刷
字　　数	137 000	定　价	69.00 元

版权所有　侵权必究　　印装差错　负责调换